AF607467

UNA ERMITA EN EL CORAZÓN

Amparo Estévez

Aliarediciones

Corrección: Eladia Guerrero
Diseño de cubierta: Jaime Galisteo
Maquetación: Aliar Ediciones

Depósito Legal: GR 1349-2024
ISBN: 978-84-10374-71-3

Impreso en España

Edita
ALIAR Ediciones
www.aliarediciones.es
info@aliarediciones.es

UNA ERMITA
EN EL CORAZÓN

Amparo Estévez

Aliarediciones

Corrección: Eladia Guerrero
Diseño de cubierta: Jaime Galisteo
Maquetación: Aliar Ediciones

Depósito Legal: GR 1349-2024
ISBN: 978-84-10374-71-3

Impreso en España

Edita
ALIAR Ediciones
www.aliarediciones.es
info@aliarediciones.es

UNA ERMITA EN EL CORAZÓN

Amparo Estévez

PRÓLOGO

LA LLAMA DE LA BÚSQUEDA

> «Y Dios dijo a Abraham: Vete de tu tierra y de tu patria y de la casa de tu padre, a la tierra que yo te mostraré. De ti haré una nación grande y te bendeciré. Engrandeceré tu nombre, que servirá de bendición».
>
> (Génesis 12, 1)

Una ermita en el corazón es un libro autobiográfico en el que su autora, Amparo Delgado Estévez, comparte con sus lectores/as las vicisitudes de su periplo vital.

Mujer de gran sensibilidad en cuyo interior late desde muy temprana edad un profundo anhelo espiritual, la tenue voz del alma que desea desplegarse, como una brisa apenas perceptible que susurra en sus adentros y le plantea preguntas sobre el sentido de la vida y sobre la verdadera naturaleza humana.

Su llama interna la impulsa a dejar atrás zonas de confort y a peregrinar. Su alma buscadora se pone en camino e inicia el éxodo hacia sí misma.

Todo ser humano es un exiliado.

Nacemos en un estado de unión del cual somos paulatinamente alejados a medida que crecemos. La formación del ego, con el consiguiente debilitamiento de la esencia —procesos que ocurren durante el desarrollo psicológico infantil—, genera en la persona sensible una sensación interna de carencia del ser y un deseo de encontrar el camino de «regreso a casa».

Con un lenguaje coloquial y claro, Amparo nos hace partícipes de las diferentes etapas de su travesía espiritual.

Relata sus viajes por varios países, su estancia en diferentes comunidades espirituales, donde se ve reflejada en otros seres que, como ella, buscan respuesta a sus indagaciones.

La autora nos cuenta cómo a través del silencio, la quietud, la soledad, la meditación y el contacto con la naturaleza pudo experimentar un sí mismo no separado de lo demás, sino en comunión con todo lo que habita en el planeta: los animales, las plantas, las piedras, las estrellas, el viento, las nubes...

Amparo toma conciencia de la torpeza del ser humano —su mente dual—, que ha perdido la conexión con el Todo, y se percibe como un ente separado del universo circundante, lo que genera una honda sensación de soledad existencial.

En el bosque ella encuentra las condiciones que facilitan la inmersión en su «ermita interior», viviendo hermosas experiencias místicas de fusión con el entorno, en las que se siente sostenida por la divinidad en unidad con el cosmos.

Hacer el viaje al interior de una misma no es tarea fácil. Requiere compromiso, dedicación y coraje para contemplar, aceptar e integrar las luces y las sombras que nos habitan, saborear la plenitud, penetrar en el misterio y atisbar la conexión con el Ser esencial. Se trata de quitarse la armadura, las máscaras, y solo desde esa desnudez se puede encontrar al Dios que nos habita.

Cada vida es única e irrepetible. Echar la mirada al camino transitado, con aceptación de todo lo vivido —las alegrías y las noches oscuras—, es un ejercicio de introspección necesario para comprender quiénes somos.

Y a medida que avanza el viaje espiritual, no hay vuelta atrás. El sentido de la vida reside en buscar al Ser, purificar el alma, abrir el corazón con el fin de que el Absoluto fluya a través de la persona.

Una ermita en el corazón es un libro testimonial cuyas páginas rezuman transparencia, hondura y singularidad. En él, la autora, ya en la plenitud de su vida, desgrana y comparte sus experiencias y descubrimientos, el encuentro con el amor, la vivencia de la maternidad, su evolución como ser espiritual que habita un cuerpo físico.

Y al compartirlo con los demás el libro se vuelve una guía, un faro, un espejo para toda aquella persona que siente en su interior la llamada espiritual y se encuentra en la búsqueda de sí misma.

TECA BARREIRO,
PSICÓLOGA Y POETA
Cuando el poeta es un peregrino.
ANTONIO MACHADO

CAPÍTULO 1

EL BOSQUE

Caminaba con paso firme mientras el sol descendía en el horizonte. Aquella luz lo inundaba todo con tal fuerza, que se sentía atravesada por ella hasta en los más profundos rincones de su alma.

«Caminar siempre hacia la luz sin detenerme en las sombras». Este era su código de vida, que pronunciaba ahora en voz alta a los cuatro vientos. Esa luz la había acompañado y sostenido en todos los caminos y momentos de su corta existencia, incluso en la noche más oscura. Siempre pudo sentir esa luz latente, a veces muy nítida y en otras ocasiones como un punto lejano que lentamente se va acercando y agrandando para alumbrar los conflictos y pesares de la vida, haciéndola bailar en la oscuridad como poseída por ella.

Se adentró en la zona forestal con determinación. Era un bosque mediterráneo poblado de alcornoques, acebuches y algarrobos, y en el suelo las plantas aromáticas parecían perfumar sus pasos. Todo a su alrededor estaba lleno de maleza, sin duda hacía tiempo que por allí no transitaba nadie. El sol se filtraba por cualquier resquicio entre los árboles acompañándola a su lugar preferido. Era un claro del bosque, un espacio amplio en donde se sentó adoptando la postura de meditación.

Inspiró profundamente y cerró los ojos, entrando en un estado de meditación y quietud. De allí no se movió hasta bien entrada la noche, cuando la luna llena brillaba en el cielo, alcanzándola e invitándola a seguir su camino de plata.

Adriana era una mujer valiente que había tenido que soportar grandes retos en su corta e intensa vida. Apenas cumplidos los treinta años, era de estatura mediana, tez morena, pelo negro azabache que cubría sus hombros y que siempre llevaba suelto. Decía que era para permitirle al viento que jugara con ellos. Su rostro tenía marcadas facciones indias; en sus rasgos, algo permanecía fiel a su antigua tribu, muy a pesar de que ya se había perdido en los anales del tiempo. Sus ojos eran grandes y verdes, y la mirada siempre se dirigía al más allá, escudriñándolo todo, como el águila que aparecía con frecuencia por aquellas montañas.

Le gustaba observar el vuelo de estas aves que solían merodear con frecuencia por aquel lugar. Se subía hasta lo más alto del bosque, hacia una especie de montículo donde podía verlas muy de cerca y con toda claridad. Su grandeza le resultaba espectacular. Desde allí se divisaba bien la majestuosidad de su vuelo, y se acercaban a ella una y otra vez para luego alejarse a la velocidad del rayo, volando a espacios cada vez más lejanos. Planeando en el aire con suavidad descendían de nuevo para remontar cada vez más alto, más lejos, deslizándose por las corrientes térmicas. Al final se alejaban lentamente y pasaban a convertirse en un pequeño punto negro que rozaba el infinito, antes de desaparecer por completo de su vista.

Adriana se sentía identificada con ellas en ese vertiginoso vuelo al infinito. Ella, cual águila, volaba libre en esos momentos de su historia, y su deseo más profundo era abandonarse y no parar jamás. Se sentía atraída por el cielo, la tierra le quedaba cada vez más lejos, había dejado atrás muchas cosas para perderse y alejarse del mundanal ruido. Sus palabras resonaban en el eco de aquellas montañas. «Estoy sola», se decía mientras se adentraba con gozo en el bosque. Con pasos firmes y valientes murmuraba para sus adentros:

«Al fin sola. Han quedado atrás los conflictos que he vivido, en los que he tenido que luchar con todas mis fuerzas, peleando en duras batallas que tanto me han desgastado, implicándome al máximo, tratando de resolverlo todo sin tregua ni pausa. Ahora me toca a mí. Necesito retirarme. He sido esa mujer guerrera que cuida a su tribu luchando por eliminar todos los obstáculos del camino. Con demasiada frecuencia he tenido que descender de mi caballo blanco para retirar el tronco que se encontraba atravesado en medio del camino, porque no me ha sido posible pasar de largo como hacían muchos; ignorar resultaba superior a mi propia esencia. Así me ha ocurrido una y otra vez con cualquier situación, esta forma de ser y actuar ha puesto al límite mis fuerzas hasta el agotamiento.

»Cuántas heridas desgarradoras he contemplado. Almas enloquecidas que he intentado sanar; niños que morían en mis brazos, además de tener que afrontar situaciones familiares difíciles. Todo ello me ha supuesto un alto coste emocional».

Continuaba con estas reflexiones mientras se instalaba en su nueva casa del bosque.

CAPÍTULO 2

EL HOSPITAL

Adriana trabajó en el hospital como enfermera durante años en la planta de oncología infantil: niños con cáncer. Una experiencia muy dura.

A su memoria acuden los recuerdos mientras escribe en su diario: «Fueron tiempos muy difíciles en los que los tratamientos de esta enfermedad eran muy agresivos. Pocos conseguían superarlo; la mayoría morían».

***

Disfruté mucho de estar con niños, sin embargo, todo era muy trágico en aquella planta. Durante mi tiempo con ellos, traté de poner una nota de alegría en sus vidas con la esperanza de que esto los ayudara a sanar.

Los niños eran mi debilidad y había establecido una relación especial con ellos, motivo por el que estaban atentos a mi turno esperando mi entrada a la planta cada día. Los había nombrado mis ayudantes, insistiendo en que éramos un equipo y cada uno debía ser responsable cumpliendo con su parte, para que las cosas funcionaran bien. Se lo tomaban muy en serio. Ejercían su rol a la perfección, se sentían orgullosos y me seguían a todas partes.

Mi objetivo, además de mis obligaciones como enfermera, era entretenerlos, y para ello me inventaba tareas con los elementos que tenía a mano. En ocasiones se trataba de doblar gasas, otras veces de sacar medicamentos de sus cajas o avisarme de cualquier recado de sus compañeros. No siempre me resultaba fácil compaginar estas actividades con el trabajo, pero encontraba algunos momentos de calma que podía dedicárselos. Me esforzaba para que tuvieran una estancia más divertida mientras duraba su hospitalización.

Recuerdo cómo caminaba por aquellos largos pasillos con un séquito de niños. Esta procesión detrás de mí motivó que las compañeras me bautizaran con el nombre de Blancanieves. Algunas veces era con guasa y otras con ironía.

Otra de las actividades a las que recurría para entretenerlos era la de pasar algunos ratos pintando. Usaba el dibujo como una forma de terapia. Los invitaba a poner nombre a lo que vivían y sentían con total libertad. Confieso que me resultaba sorprendente con la nitidez que lo hacían. Los niños se expresan con gran claridad porque viven en un terreno virgen, libre de críticas. Sus dibujos resultaban espectaculares y sus explicaciones aún más. Con un gran derroche de creatividad no dejaban títere con cabeza.

El poco material del que disponíamos lo había conseguido reciclando cosas de diferentes lugares del hospital y haciendo campaña, entre el personal y los familiares. Algunas compañeras sensibles a este plan aportaron lápices de colores; los administrativos nos dieron folios viejos que reutilizábamos. Se trataba de aprovechar cualquier cosa que sirviera para la inspiración infantil. Pronto pasaron de pintar jeringas y material de curas a dibujar a médicos y enfermeras de la planta.

Captaron a la perfección los tics del personal y nos reflejaban a todas a modo de caricaturas. Sus trabajos fueron tan interesantes que decidí hacer públicas sus ilustraciones y las colgué en el tablón de anuncios durante una guardia de noche, cuando todos dormían, pues en esos momentos disponía de más tiempo, y preparé así la sorpresa para el día siguiente.

Aquella mañana en la que aparecieron los dibujos de forma inesperada en el tablón de anuncios, colgado en la sala de descanso del personal, todo el mundo desfiló para ver el suyo. Observé diversidad de reacciones, algunas se enfadaron, otras lo vivieron con humor, todo dependía de cómo integraban la visión que los niños tenían de ellas. Algunas personas tomaban nota mientras que otras se quejaban, sobre todo por los motes que les habían puesto, que por cierto resultaban acertados en la mayoría de los casos. Hubo mucho lío, pero nunca llegó la sangre al río.

En definitiva, fue una buena estrategia de acercamiento para que cada uno captara cómo lo veían los niños. En lo personal, me pareció muy clara y positiva su visión, y notamos que algunos se esmeraron más en el trato con los críos a partir de entonces. Por otro lado, ellos se divertían mientras dibujaban y estaban felices de ver sus pequeñas obras de arte expuestas en el mural de la planta.

Conseguir entretenerlos y dinamizar un poco ese tiempo muerto que ocurre entre los tratamientos fue mi objetivo. Era consciente de que se encontraban fuera de su hogar; las visitas de los familiares eran cortas, apenas unas horas por la tarde, y el resto del tiempo estaban solos con su enfermedad y el personal.

Me siento feliz de que en la actualidad estas normas hayan cambiado y los pequeños pacientes de hoy tengan salas de juegos y recreo, e incluso payasos y músicos que los visitan y entretienen. En aquella época, esto dependía de nosotras y de los familiares.

A la vez que disfrutábamos de estas anécdotas simpáticas que nos alegraban la vida, también ocurrían sucesos dolorosos y dramáticos. Todos luchábamos contra el monstruo del cáncer infantil, que se cobraba vidas a diario. El cáncer resultaba ser una cruel enfermedad que aparecía de la noche a la mañana, cambiando la esperanza de vida de los niños, destrozando a las familias, hundiéndolas muchas veces en un dolor terrible del que era casi imposible recuperarse. Me resultaba muy difícil digerir esta realidad cuando los veía caer como moscas. Si no los mataba la enfermedad lo hacían los tratamientos, que les dejaban a cero las defensas y cualquier infección provocaba el desenlace. Fue un coste emocional muy duro, me atrevería a decir que irreparable. Después de tantos años alejada de este mundo, aún me sigue afectando.

Cuando los niños ingresan en el hospital y los conoces de cerca, se establecen lazos y les tomas cariño. Luchas con ellos en el día a día, poniendo toda tu energía para que evolucionen, esperando que se curen, porque tienen una vida por delante. En cambio, algunas veces ocurría lo más terrible y se los llevaba la muerte sin piedad.

Tengo un recuerdo especial de Tania. Le diagnosticaron leucemia aguda con solo tres años. Era necesario ponerle una transfusión de sangre cada cuatro días. Era toda una proeza, porque ella no quería y mantenerla quieta durante ese tiempo era casi imposible. Hubo que recurrir a Mickey Mouse, su muñeco favorito, y emplear mucha paciencia para convencerla de que era la sangre del peluche. Al final tras gran esfuerzo lo conseguíamos, se quedaba tranquila en los brazos de su madre.

Después de tantos sufrimientos, un día la tuve entre mis brazos muerta. Parecía que dormía y me resultaba increíble.

Las enfermeras y auxiliares estábamos en su habitación con un profundo dolor en el corazón. Los médicos siempre andaban en otra parte, así que la despedimos conteniendo las lágrimas, pues delante de sus familiares no podíamos exteriorizar nuestros sentimientos.

Todo esto nos resultaba bastante difícil; eran situaciones para las que nadie nos había preparado en la Facultad de Medicina de la universidad.

En los planes de estudios de enfermería y personal sanitario aún no se incluyen ciencias tan necesarias como la tanatología, lo que me parece un grave error. Los estudios realizados por la doctora Elisabeth Kübler-Ross aportan instrucciones importantes sobre el tema de la muerte en general y con los menores en particular.

Estos estudios son una valiosa herramienta, aportan todo un sentido nuevo en esos dramáticos momentos, cuando se está a la cabecera de los enfermos terminales.

A pesar de los años transcurridos, no consigo olvidar cada rostro de aquellos niños. Siguen grabados en mi corazón. Recuerdo sus nombres, sus risas y llantos; espero encontrármelos algún día, cuando pase a otra dimensión, donde ellos seguro que estarán felices y sonriendo.

Llegaban también los cumpleaños. En esos días tan especiales Pilar (una compañera granadina) y yo les montábamos toda una fiesta. Teníamos que improvisar, pues no había muchas cosas en el hospital. Recuerdo cuando ideamos una tarta con un pan de hamburguesas recubierto de yogur natural a modo de nata. Las velas eran fósforos y las vendas serpentinas. Ellos y nosotras disfrutamos de la celebración gracias a la imaginación, que no faltaba nunca.

La fiesta de cumpleaños más especial fue la de Guillermina. Nos tenía sobrecogidos, así que con ella nos volcamos todas. Supimos su diagnóstico al ingresar en la planta. Se trataba de un sarcoma en estado avanzado, o sea, el peor de los pronósticos. Los familiares se encargaron de traer la tarta a la hora de la merienda, y en esta ocasión las velas eran de verdad. Junto con Pilar comenzamos un plan desde una semana antes, los chiquillos se entusiasmaron con nuestra idea.

La tarde del cumpleaños los llevamos al comedor y nos escondimos. Ana, la limpiadora, nos consiguió un biombo que estaba en el cuarto de los trastos, un poco deteriorado, pero que funcionó muy bien como escondite. Lo pusimos en una esquina de la habitación de tal forma que no se veía a nadie al entrar y nos colocamos allí apiñados a la hora de la merienda. Guillermina no recordaba que cumplía años, ya se lo habíamos advertido a todos para que a nadie se le escapara antes del momento previsto, y conseguir así darle la gran sorpresa. Todo salió bien y mientras ella entraba con sus padres en el comedor en su silla de ruedas, la sorprendimos cantándole con toda la chiquillería al completo. Contamos para ello con una «gran orquesta» que habíamos creado días antes con los instrumentos a nuestro alcance: cucharas, tenedores y calderos. Los cantos sonaron esa tarde como magníficos tambores en el mejor de los coros.

No olvidaré jamás su sonrisa. Estaba feliz y emocionada apagando sus once velitas. Disfrutamos de aquella maravillosa tarta de merengue que alcanzó para todos, y de una tarde muy divertida. Los padres reían con la actuación de la orquesta, estaban emocionados y agradecidos. Guillermina no paraba de reír y tocar las palmas. Los niños tenían cara de fiesta, ninguno se enfadó ni montó un número como ocurría a veces; al contrario, fue un día excepcional en el que la fiesta era el centro, y no la enfermedad.

Años más tarde me encontré a la madre de Guillermina de una manera sorprendente que vale la pena contar. Ángela, una mujer muy especial, era joven, morena, de tez blanca, baja de estatura. Estuvo entregada a su hija en cuerpo y alma mientras vivió, como solo hacen las madres, siempre sin desfallecer ni en los momentos más duros.

Mi vida había cambiado. Después de tantos años, ya no trabajaba en ese hospital ni vivía en la misma isla. Recuerdo que por esas fechas me encontraba de vacaciones en Mallorca con mi familia, cuando recibí una llamada de mis hermanas, que me decían que habían ingresado a mi padre en el hospital; estaba mal y me llamaba continuamente. Sabía que yo andaba por los hospitales y cuando él tenía consulta médica lo acompañaba. Ahora, al no verme, vivía un escenario nuevo que aumentó su desasosiego.

Me inquietó todo lo que me contaron y después de valorar la situación decidí acudir a la llamada de mi padre. Me dirigí al aeropuerto para intentar encontrar billete lo antes posible. No era fácil; era época de vacaciones, lo que complicaba las cosas, ya que desde Mallorca no había vuelos directos en ese entonces. Era necesario hacer escala en Valencia. Al final, todo se resolvió y encontré uno de esos billetes reservados para emergencias. Sentada en el avión, libre ya del estrés que supuso organizarlo todo, me asaltó el pensamiento —al no poder calibrar la gravedad de la enfermedad de mi padre— de que pudiera ocurrir algo que me impidiera llegar a tiempo de despedirlo. Esas y otras ideas pasaron por mi mente durante el vuelo, que fue tranquilo y sin turbulencias.

Cuando aterrizamos en Tenerife era casi medianoche. Por suerte el aeropuerto está muy cerca del hospital y fueron quince minutos en taxi. A mi llegada saludé a uno de los porteros que conocía y me dirigí a la habitación donde descansaba mi padre, lo encontré despierto. Me reconoció de inmediato. Estaba nervioso y un poco irritable, pero el verme lo tranquilizó. Pudimos intercambiar algunas palabras que me confirmaron que no estaba tan grave como me había imaginado, lo cual me supuso un alivio. Después de conseguir tranquilizarlo se durmió.

Me dirigí al control y hablé con la enfermera de turno, quien me explicó que le habían colocado un drenaje torácico para extraer el líquido del pulmón, porque se trataba de un derrame pleural. Al ver la radiografía, los neumólogos desde urgencias lo derivaron a cirugía torácica. El médico que lo atendía me era conocido, ya que años antes habíamos trabajado juntos en urgencias, cuando él, recién terminada la carrera, empezaba el MIR en medicina interna. Se trataba del doctor Horacio, un gran profesional, por lo que supe que mi padre estaba en buenas manos. Una vez que comprobé que todo marchaba en orden, suero, catéter, oxígeno... me acomodé como pude en la incómoda silla de los acompañantes. Pude dormir el resto de la noche, y por la mañana hablé con el médico y bajé a desayunar a la cafetería del hospital.

Me encontraba todavía medio dormida, y mientras tomaba el café sentí una mirada insistente. Divisé entonces a una mujer justo enfrente. Su cara me resultaba familiar, aunque no recordaba con exactitud de qué la conocía. Por otro lado, pensaba que era algo normal, había trabajado en ese hospital durante años y tenía muchos rostros archivados en mi memoria, no era de extrañar. A pesar de mi facilidad innata para recordar, no la reconocía. Hacía muchos años que no estaba en Tenerife. No le di mayor importancia y seguí con mi desayuno, pero ella insistía con la mirada. Pasados unos minutos largos se levantó y vino a mi encuentro.

—¿Eres Adriana verdad? Eras enfermera de la cuarta planta.

—Sí —respondí.

Entonces me abrazó llorando y cuando al fin pudo hablar se explicó:

—Soy Ángela, la madre de Guillermina. Te reconocí enseguida, sabes que ella te adoraba y estuviste a nuestro lado hasta el final.

—La mamá de Guillermina, ¡cuántos recuerdos me vienen de ella!

—Siempre me he sentido muy agradecida a ti y a todas las que nos acompañaron en aquellos días; fuiste un gran apoyo. Nunca olvidaré cómo nos alegraste los momentos más tristes, y me ha parecido un milagro verte hoy. Había perdido la esperanza de encontrarte. He preguntado a todos en la planta y no sabían de ti. Al final encontré a una amiga tuya y me contó que ya no vivías aquí, que nadie sabía dónde estabas; me comentaron que seguramente habías dejado la profesión.

—Sí. Hace tiempo que vivo fuera, he estado viajando por el mundo.

—He vivido con el presentimiento de que un día me reencontraría contigo, fuiste un ángel en nuestro camino y no te he olvidado. Cuando Guillermina falleció fueron momentos muy duros, estaba llena de dolor, no quería ver a nadie; en cambio, a lo largo de los años todo se ha ido colocando y he recordado a mucha gente que nos apoyó y cuidó. A ti necesitaba verte para agradecerte tu entrega. Era una asignatura que tenía pendiente después de enterrar a mi hija.

—Fueron momentos muy tristes —apunté— e hice lo que estaba en mi mano para mitigar el dolor de ustedes. Es muy sorprendente que nos hayamos encontrado.

Me quedé de piedra, no esperaba para nada ese encuentro que me emocionó profundamente. Sus palabras de agradecimiento calaron en mi alma, y son el mejor premio que he recibido en mis años de trabajo de enfermera. Estuvimos abrazadas en silencio durante largo rato, como si aquel intenso sufrimiento compartido en el pasado sanara en ese instante. Una magia muy especial nos envolvió, y ocurrió algo similar a cuando se acerca alguien del más allá. Pude sentir que Guillermina se hizo presente, que se unía a ese abrazo de una manera sutil, y tan real como el escalofrío que recorría mi cuerpo.

Aún me pregunto, desde mi parte lógica, cómo pudo darse ese encuentro. Solo estuve un día en ese hospital. Había viajado desde muy lejos; fue un instante en la cafetería, justo el tiempo que duró el desayuno. Y aquella mujer, que tanto me había buscado, apareció en el preciso momento en que bajé y pudimos encontrarnos, como si alguien la guiara. No se encuentran explicaciones lógicas a estos sucesos. Las cosas del alma son así, y muchas veces a lo largo de mi vida he podido experimentarlo.

Al poco tiempo me encontré con mi buena amiga Mayoya y le conté sobre el encuentro con la mamá de Guillermina, pues sabía que sus padres eran vecinos. Entonces me comunicó que Ángela había muerto. No lo podía creer, me quedé de piedra. Llegamos juntas a la conclusión de que debía de haber sido poco tiempo después de nuestro encuentro, y me impresionó más aún la noticia. Me dijo que había desarrollado un cáncer durante los años posteriores a la muerte de su hija. Al parecer no pudo superar su ausencia.

Sé que suele ocurrir que en los casos de duelo intenso, cuando una madre pierde a un hijo, no se encuentran fuerzas para vivir y se decide acompañarlo al más allá.

En las plantas de niños de los hospitales, cuando se hace presente la muerte, los trabajadores tratamos de ocultarlo. A pesar del cuidado que ponemos ellos acaban sabiéndolo.

No sé cómo, pero se enteran. Quizás porque siempre están en medio de todo y oyen comentarios, observan las carreras por los pasillos y escuchan los llantos de los familiares. Por mucho cuidado que se tenga, ellos lo intuyen y preguntan por los que se han ido.

Por entonces me resultaba difícil responder a sus preguntas. No había hecho el proceso de la muerte, que años más tarde tuve que transitar de forma acelerada cuando murió mi madre, con solo sesenta y cuatro años. Así lo escribí: «Hoy, la muerte ha entrado por la puerta grande; antes era como si la hubiese visto desde la ventana». Lo mismo ocurría con los niños: veían la muerte a través de una ventana y la visión era muy distorsionada y misteriosa. Sus reiteradas preguntas sobre el tema me llevaron a inventar un cuento que fuera comprensible para ellos:

> *Érase una vez... que a algunos niños les crecían alas muy rápido y sucedía así porque querían ir muy lejos, como Peter Pan, hasta el país de Nunca Jamás. La libertad para volar aparecía de pronto y se marchaban. Por eso a veces no los vemos... pero deben saber que no se van definitivamente. Ellos regresan para vernos y dejarnos mensajitos por debajo de la puerta o en las nubes; hay que estar atentos y descubrir esos mensajes porque nos dejan pistas en la calle, o en el parque, como lo son esas plumas que encontramos mientras caminamos. También los olores y alguna canción que ellos amaban; si la oímos es que están cerca y pueden vernos. Por las noches aparecen en nuestros sueños y nos hablan al oído, aunque nosotros no nos demos cuenta. Esos amigos siguen acompañándonos cuando soñamos con ellos. Todas estas señales nos muestran que permanecen a nuestro lado, solo que ahora se han convertido en invisibles.*

Los pequeños me escuchaban atentos, y esto les cambiaba el sentido trágico que veían en los mayores por los de la intriga y la aventura, más propios de su edad. De esta forma, lograban asimilarlo mejor; más de uno me dijo en alguna ocasión que quería que le crecieran las alas.

A todo este trabajo agotador derivado de mi profesión, se le sumó también el tiempo de la participación en el sindicato de trabajadores. Las compañeras me eligieron enlace sindical. Era una época en que la gente no se comprometía con los problemas laborales que teníamos.

Había un problema muy importante que resolver. Cuando nos tocaba la jornada nocturna, había que hacer todos los turnos seguidos durante la semana y esto era agotador. Resultaba imposible recuperarse. Vivíamos como zombis y dormíamos durante el día. La situación nos llevó muchas reuniones, huelgas y asambleas, pero valió la pena. Lo conseguimos. Las noches pasaron a ser alternas. Significó un gran triunfo.

CAPÍTULO 3

LA ESPESURA DEL BOSQUE - TAIZÉ

Ahora todo lo vivido quedaba muy lejos; podría decir que estaba a años luz de su vida actual. Había dado un salto cuántico, rehuía el protagonismo. Buscaba perderse de las miradas externas, y el ajetreo quedaba neutralizado por la calma y el silencio. Lo vivido se había detenido en la nebulosa de los recuerdos.

Adriana estaba sola en medio del bosque. Fue un aterrizaje tan deseado que le parecía estar soñando. Por primera vez comenzaba a reencontrarse. Cantan los pájaros y sopla el viento. Escribía en su diario: «¡Oh, señor mío de mis silencios adentro!».

Las palabras sobraban. Permanecía toda la semana en silencio, perdida en la espesura del bosque, con un ritmo de trabajo manual y meditaciones que realizaba tres veces al día. El resto del tiempo se entretenía en contemplar todo lo que le rodeaba. Se trataba de la belleza escondida que un día cantara san Juan de la Cruz:

¡Oh, bosques y espesuras!
¡Plantadas por la mano del amado!

Fue un largo recorrido. Adriana llegó a aquel lugar después de vivir un tiempo en Francia, en la comunidad de Taizé.

***

Taizé es un pequeño pueblo de la Borgoña francesa, situado cerca de Cluny, donde estuvo la famosa abadía benedictina del siglo X. En su época, se convirtió en el monasterio más reconocido como ejemplo de vida monacal en Occidente, siendo la institución monástica mejor preparada de Europa. Su influencia se extendió hasta finales del siglo XI; de todo ello solo quedan apenas unas ruinas, además de su legado espiritual, que sigue alimentando nuevos monasterios desde entonces hasta la actualidad.

Taizé se encuentra en lo alto de una colina. Cuenta con una pequeña iglesia románica a la entrada, que recibe a los peregrinos que se acercan hasta allí. Se trata de un pueblo pequeño con pocos habitantes; muchas de sus casas estaban vacías o abandonadas cuando llegó por primera vez el hermano Roger.

Actualmente es un lugar donde se celebran encuentros internacionales de jóvenes. Su fundador, el teólogo suizo Roger Schutz, había llegado allí con una vocación muy concreta: crear un lugar de fraternidad y acercamiento de las religiones. Esta vocación ecuménica apareció cuando sufrió de cerca las divisiones entre católicos, protestantes, luteranos, anglicanos y otras, surgidas en el seno de la Iglesia.

Roger soñaba con crear una comunidad donde todas las religiones pudieran encontrarse en lo fundamental, sin enfocarse en lo que las separaba. Al llegar a Taizé, y tras visitar Cluny, pasó un tiempo en soledad en aquel pueblo y sintió que había encontrado el lugar. El entusiasmo que sentía por la unidad de las iglesias quiso grabarlo en la puerta de su comunidad años más tarde: «Pasión por la unión», cuando fueron llegando los primeros hermanos y se unieron a él para compartir su vida y su misión. Así nació la comunidad ecuménica de Taizé.

Los «nuevos hermanos», conscientes de que no importaba a qué confesión pertenecían, abrazaban «La regla de Taizé», donde quedaba reflejado el estilo de vida que querían vivir juntos y que fue elaborada por Roger Schutz como prior.

Pronto, la difícil situación de la Segunda Guerra Mundial propició que empezaran a llegar refugiados políticos pidiendo asilo. Sabían que esto entrañaría un riesgo para la comunidad en esos tiempos. Se reunieron, y con absoluta rotundidad decidieron que no podían hacer otra cosa; estaban llamados a acogerlos y compartir con ellos lo poco que poseían, aun a riesgo de su seguridad física. Ofrecieron entonces techo y abrigo a los que llamaron a su puerta. Algunos pasaron allí un tiempo largo y luego se fueron. Hubo otros, como el caso de María, una mujer exiliada asturiana, que encontró su casa junto a la comunidad y se unió a sus vidas y a sus rezos.

A partir de los años cincuenta, Taizé se convirtió en un lugar de encuentro y peregrinación para jóvenes de todo el mundo. Algunos venían solos, otros en diversos grupos parroquiales o seculares. Los jóvenes llegaban atraídos por su estilo de vida, así como por los encuentros que se les ofrecían.

Tenían una liturgia muy especial a base de cantos, que en su mayoría fueron compuestos por un famoso compositor francés llamado Jacques Berthier.

En poco tiempo aumentó el número de jóvenes que llegaban cada año, hasta el punto de estar desbordados. Y el hermano Roger se preguntó cómo podía conseguir acogerlos a todos con la pobreza de medios de que disponían.

Pronto encontraron la solución con algo que se adaptaba a las cantidades fluctuantes de visitantes. Se trataba de grandes carpas de campaña que alguien ofreció, y que tenían capacidad para alojar a muchos jóvenes. Eran fáciles de montar y desmontar, adaptándose a las necesidades del momento. Fue un buen recurso. Después de estar instalado el campamento, se acondicionaron diversos servicios en los alrededores con simples y austeras construcciones: aseos, duchas y lavaderos, todo lo que se necesita en un lugar de acampada.

Otro gran reto surgió cuando en 1970 el hermano Roger convocó a los jóvenes a un concilio. Ocurrió durante un encuentro de fin de semana, en el que comunicó su llamada a la juventud de todo el mundo para reunirse en Taizé. Se informó de ello a través de la *Carta de Taizé*, una especie de periódico que se repartía a lo largo y ancho del mundo a través del correo postal. Los hermanos de la comunidad tuvieron que ponerse a trabajar rápido para este acontecimiento. Se necesitaría un espacio aún mayor que el que tenían en ese momento, por lo que se requería de un despliegue extraordinario de fuerzas.

Acordaron con la comunidad habilitar los campos que estaban enfrente de la iglesia de la Reconciliación. Dicha iglesia fue diseñada por el hermano Denis, arquitecto. Las magníficas vidrieras fueron obra del hermano Eric. La iglesia fue construida por jóvenes alemanes e inaugurada en 1962. Era preciosa, aunque con el tiempo se hizo pequeña y tuvo que ir creciendo junto con los visitantes. A pesar de estar construida de hormigón, algo difícil para conseguir ensancharla, se las ingeniaron y se remodeló en varias ocasiones después de su construcción original. Los terrenos de los alrededores se conocían por el nombre del Palacio de los Grillos, debido al concierto que cada noche ofrecían estos animalitos. Eran unos terrenos grandes con capacidad para albergar a mucha gente.

Así fue como, en la explanada del Palacio de los Grillos, se amplió el campamento con grandes tiendas de campaña que también sirvieron como lugares de encuentro. Se construyó un escenario en el que los diferentes grupos exponían sus actividades. Fue un momento sin precedentes, en el que más de cien nacionalidades se reunieron para celebrar el concilio de los jóvenes, respondiendo masivamente a la llamada del hermano Roger.

«Lucha y contemplación para ser hombres de comunión» fue el tema central que vertebró el encuentro. Las palabras del hermano Roger calaban en los jóvenes porque tenían una frescura especial y resonaban en sus corazones. Alimentaban la fe desgastada por viejas fórmulas de la Iglesia que hacía tiempo que les quedaban pequeñas.

> «Cristo resucitado viene a animar una fiesta en lo más íntimo del hombre, él nos dará la suficiente imaginación y el suficiente coraje para lograr que el hombre no sea más víctima del hombre».

Así rezaba la carta que precedió al concilio de los jóvenes, que fue un derroche multicultural nunca visto antes en ningún lugar. Se obró el milagro. Los hermanos habían ensanchado el espacio de sus tiendas a unos niveles casi infinitos, consiguiendo dar cabida a los que acudieron a participar. Los jóvenes llenaron los caminos, campos y rincones del pequeño pueblo, que entonces resultaba difícil de encontrar en los mapas. Apenas había señalizaciones en la ruta por carretera, pero a pesar de las dificultades todos llegaban, y el concilio de los jóvenes se realizó.

Durante el encuentro ocurrieron innumerables anécdotas. Todos los grupos ponían su nota de color. Muy de mañana llegaban los mexicanos cantando sus mañanitas, ataviados con sus trajes típicos con ponchos multicolores y grandes sombreros; ellos fueron los encargados de despertar cada mañana a toda la población bajo los sones de México.

***

El primer encuentro era demasiado temprano, y a pesar del insistente sonido de las campanas era difícil levantarse. Sin embargo, aquellos jóvenes, a golpe de mañanitas lo conseguían cada amanecer.

La oración de la mañana se celebraba en la iglesia de la Reconciliación. Por la tarde, éramos una gran muchedumbre y hacíamos la puesta en común de los grupos en el escenario improvisado del Palacio de los Grillos, ya que en aquellos campos había sitio para todos.

La dinámica que seguíamos era reunirnos primero en pequeños grupos, lo que facilitaba conocernos y enterarnos de las distintas realidades de los países de donde veníamos. Surgieron entonces nuevas amistades que en muchos casos han sido para toda la vida. Era increíble la propia experiencia de cómo conseguíamos una familia de amigos a lo largo y ancho del mundo, sin que nos limitaran las diferencias de lengua y costumbres. Por la tarde, en las puestas en común de todos los grupos, teníamos traducciones simultáneas que nos permitían escuchar en nuestra lengua lo que estaban contando.

La gran riqueza cultural compartida durante esos días era impresionante. Los jóvenes emplearon toda su creatividad a base de representaciones, cantos y bailes para expresar y comunicar los problemas que vivían en sus países, así como su folclore y tradiciones. África estuvo muy presente, con su diversidad de pueblos y ritmos que sonaban a golpe de tambor. Sus danzas tan vitales nos movían a todos con sus extraordinarios ritmos.

Me impresionaron mucho los jóvenes vietnamitas. Ellos narraban los horrores de la guerra que vivían en su país. Cantaban y hablaban de una manera muy suave, como si imitaran los trinos de los pájaros. Con ellos aprendimos canciones donde se clamaba por la paz para Vietnam y el mundo. Fue hermoso cuando unidos de las manos danzamos formando un solo pueblo con un grito por la humanidad: «PAZ».

Paz para los de cerca, los de lejos y para tantos corazones heridos y gente torturada. Un mundo de paz que destierre las guerras. Toda la riqueza de cantos y bailes de los continentes: América Latina, Asia, África y Oceanía. Ese conjunto formaba un abanico de expresiones tan diversas, que nunca he vuelto a contemplar algo así en mi vida.

Las noches eran hermosas. Nos reuníamos alrededor de una gran hoguera, y en torno a ella cantábamos y danzábamos durante horas. Reíamos y nos divertíamos como jóvenes que éramos llenos de energía y vitalidad. Terminábamos con una entrañable canción que a todos nos emocionaba.

> «Juntos venceremos y seremos libres,
> no hay cadenas para el amor...».

Esta letra se convirtió en nuestro himno y todos la cantábamos con verdadera pasión.

Siento lo afortunada que fui y el valioso regalo que me hizo la vida al poder participar en aquel concilio de jóvenes. Agradezco con todo mi corazón haber estado en ese momento de la historia de Taizé, y a veces me pregunto cómo pudo ocurrir que yo, una joven de un pueblo perdido en el mundo, hubiera llegado hasta allí desde unas islas remotas, desconocidas para la mayoría de las personas. Cuando me presentaba, solían preguntar dónde estaban esas islas. Salvo alguna excepción que confirmó la regla, apenas se conocía la ubicación de las Canarias, pues se confundían con las Baleares. No era de extrañar, ya que en los mapas de España de esa época nuestras queridas islas eran situadas en un recuadro debajo de las Baleares, y por eso existía una gran confusión en cuanto a la ubicación geográfica real. De manera que casi siempre tenía que explicar que las islas Canarias se encuentran justo al otro lado, cerca de África y debajo de las Azores.

Como contaba con anterioridad, a pesar de la lejanía y el desconocimiento, tuve la fortuna de ser conducida hasta Taizé a participar en uno de los acontecimientos más importantes para la juventud de mi tiempo. Esto fue posible gracias a Miguel Pérez Álvarez, sacerdote al que conocía y un hombre muy relevante en mi vida.

Asistí en una ocasión a uno de sus encuentros, y poco después yo misma llevaba uno de esos equipos que él lideraba. Fueron grupos que crecieron muy rápido entre la juventud, ávida de alternativas que dieran sentido a la vida, y pronto se extendieron por todos los pueblos e islas restantes.

Nos reuníamos con frecuencia con Miguel para organizar y programar los encuentros. Su capacidad para llegar a los jóvenes era notable. Él era el vínculo de unión entre nosotros. Nos conocía a todos. Lo acompañábamos en ocasiones en sus viajes por las islas, lo que nos ofrecía la oportunidad de descubrir a los diversos equipos y resultaba enriquecedor para todos.

En mi relación con él lo sentía como un padre; por eso le confié mis dudas y preocupaciones. Su atenta escucha me hizo sentirme valorada por primera vez en mi corta vida, sin ser juzgada ni encasillada. Fue sanador para mí creer en mis posibilidades, especialmente en esa época tan difícil de la historia personal como es la adolescencia, cuando ponemos tanto énfasis en nuestros defectos.

Una de sus múltiples labores en el grupo del que fui presidenta años más tarde fue conectar a jóvenes de distintos pueblos e islas, creando una red entre nosotros. Así surgió un movimiento que Miguel denominó Juventud Edelweiss, adoptando el símbolo de esa flor, conocida también con el nombre de estrella alpina. La flor de Edelweiss es singular porque crece en los Alpes, en las cumbres más altas y nevadas. Es en sí misma un pequeño milagro debido a que sobrevive en condiciones atmosféricas extremas, y ofrece gran belleza a pesar de la nieve y los vientos de la alta montaña. Tiene forma de estrella y su textura es como de algodón floreciendo, mientras las demás perecen.

El elegir el nombre de esta flor era una metáfora. Pretendía mostrarnos que, por muy duras que fueran las circunstancias que nos afectaran en nuestras vidas personales, podíamos florecer y ofrecer al mundo todo el esplendor, como la Edelweiss.

El movimiento se extendió y nos ayudó a situarnos en el mundo a los jóvenes que buscábamos un ideal. Llegamos a conocernos muy bien y a establecer una relación de hermandad. Recuerdo a Lorenzo, un joven de Icod de los Vinos que era muy alegre. Su extraordinario buen humor lo llevaba a encontrar siempre la forma de hacernos reír a todos, por muy tristes o preocupados que estuviéramos.

Apenados, tuvimos que asistir a su entierro. Lo operaron de apendicitis de urgencia, pero se complicó, y murió en el hospital después de una semana luchando entre la vida y la muerte. Nos resistimos a creerlo cuando Miguel anunció la noticia. Queríamos cambiar ese destino a toda costa. No podíamos aceptar la desaparición de un amigo tan joven y lleno de vida, tenía que ser un error, o tal vez una noticia poco exacta, que se equivocaron de persona. Tal era el desconcierto que cualquier argumento nos servía para negarlo, a pesar de estar escuchando la aplastante verdad que comunicaba Miguel. Fue un duro golpe, tuvimos que enfrentarnos por primera vez a la muerte de uno de nuestros hermanos.

Los llantos y lamentos el día del entierro nos destrozaron. Pasó algún tiempo hasta que fuimos encontrando consuelo. En las reuniones posteriores era difícil hallar alegría. Lorenzo seguía muy presente en el grupo. Lo recordábamos y hablábamos de sus ocurrencias, y llevó mucho tiempo llenar el vacío que dejó.

En los veranos aprovechábamos las romerías y fiestas de nuestros pueblos. Cualquier motivo era bueno para reunirnos y disfrutar. Cada mes hacíamos una excursión de todo el día a algún lugar interesante, y una vez al año celebrábamos la fiesta de la juventud, en la que los grupos de los diferentes pueblos e islas nos dábamos cita en una multitudinaria conmemoración.

Otra novedosa idea de Miguel fue la creación de la Peña Vanguardista, dirigida a quienes querían ir más lejos en la búsqueda de su vocación. Sus miembros adquirían un compromiso más serio, asumiendo tareas de formación y preparación para ser futuros líderes. Así fue como nos propusimos viajar a Taizé la primera vez, mucho antes del concilio de los jóvenes. Para entonces no habíamos oído hablar de ese lugar, y fue él quien nos propuso visitarlo.

La idea fue tomando forma desde que Miguel la sugiriese, hablándonos del lugar y la posibilidad de viajar hasta allí. La propuesta nos resultó muy interesante y comenzamos el largo proceso de organizarnos. Hicimos hincapié en que queríamos que fuese un peregrinaje y no un viaje de turismo, por lo que decidimos dividirlo en varios períodos hasta que llegase el día.

En la primera etapa nos propusimos recaudar dinero. Guardábamos todos nuestros ahorros, para lo que creamos una caja de solidaridad donde aportábamos lo que cada uno podía, fuese o no al viaje. El segundo punto también fue importante: acordamos reunir comida no perecedera como latas de sardinas, atún, lentejas... todo lo que se podía guardar. Cada mes al hacer la compra habitual añadíamos algo para el viaje, y así conseguimos un buen lote.

Después de un año de espera y trabajo en grupo, llegó el gran día. Todo estaba listo. Habíamos conseguido las vacaciones en los respectivos trabajos. Teníamos en mano los pasaportes y los billetes del barco hasta Barcelona, que habíamos comprado con el dinero recaudado en la caja de solidaridad. Optamos por ese viaje porque era mucho más barato que el avión.

Una mañana de julio llegamos al muelle con nuestras mochilas repletas de latas que pesaban una barbaridad, y nos embarcamos rumbo a la tan soñada aventura. Navegaríamos durante tres días y cuatro noches en la trayectoria entre Tenerife y Barcelona.

Los días en el barco fueron divertidos. Nos reuníamos en cubierta a comer las famosas latas de conserva, gofio, chocolate y todas las provisiones que llevábamos y que fueron suficientes. Nunca pisamos el comedor del barco; era un lujo que no podíamos permitirnos. Tampoco lo echamos de menos, pues las tortillas del primer día duraron bastante y lo demás también nos cundió para los tres días de travesía. Los almuerzos en la cubierta del barco fueron espectaculares. Tirados en el suelo, poníamos la mesa con nuestro banquete particular. Comíamos, reíamos, cantábamos y hacíamos todo tipo de chistes. El sol nos bronceaba y algunas gotas de la brisa marina nos salpicaban.

Las noches eran un tanto difíciles porque el precio del billete incluía el alojamiento en camarotes múltiples, donde cabíamos todos, con literas a ambos lados. Esos dormitorios se situaban en la bodega. Eran los más económicos que encontramos, y los movimientos de bajadas y subidas del barco resultaban ser un suplicio, además del olor a petróleo, que también estaba incluido en el billete. Con todo, y a pesar de estas incomodidades, el viaje fue espectacular. Vivíamos a ritmo de guitarra, nos sobraba entusiasmo y júbilo en aquella gran aventura en la que surcábamos el mar rumbo a nuestros sueños. A pesar de algunos mareos y vomiteras, la moral estuvo muy alta durante el tiempo del trayecto. Estábamos ilusionados y felices. Correteábamos por todos lados y el resto de los tripulantes se sentían muy animados con nuestra presencia. Disfrutamos también de sesiones de cine.

Cuatro noches y tres días en un espacio limitado dan para mucho; alguna película nos impactó. Se había estrenado recientemente en el cine *En el calor de la noche*, con Sidney Poitier interpretando un discurso muy elocuente y dramático sobre el tema del racismo. Fue un gran papel, que le valió el Óscar a la mejor interpretación.

Y... el barco llegó a puerto. Atracamos al fin en Barcelona. Habíamos dejado las islas Canarias a tres mil kilómetros y, como todos los jóvenes de nuestra edad, teníamos ganas de volar lejos. Tocaba seguir el resto del viaje en autobús, y un conductor contratado nos esperaba en el muelle.

Una vez en tierra firme aprovechamos para pasar por algunos lugares que nos cogían de camino. Hicimos algo de turismo por España. Visitamos San Sebastián, con la playa de la Concha y el monte Igueldo, donde subí por primera vez a una noria gigante. Nunca había visto una de esas dimensiones y me hizo ilusión. Me reí mucho con mi amiga Isabel. Tenía vértigo y estaba tiesa como un palo para no marearse, mientras yo me emocionaba y no paraba de moverme y mirarlo todo.

También fuimos a sitios de peregrinaje, entre ellos Montserrat, Lourdes y otros pequeños pueblos de Francia. Después nos esperaba un largo viaje en carretera hasta llegar a Taizé. Durante veinte y cuatro horas estuvimos en la guagua; apenas nos detuvimos por la autopista para comprar bocadillos o ir al baño. Al clarear del día siguiente llegamos al fin a Taizé. Estábamos rendidos de tantas horas de guagua. Pero una vez allí todo fluía a la perfección y nos sentimos como si hubiéramos llegado a casa; el lugar estaba hecho a la medida de los jóvenes, y eso era importante.

Nos recibió el equipo de acogida con mucho cariño. Nos distribuyeron en tiendas de campaña, excepto a Miguel, que debido a sus años y achaques fue alojado en una casita para personas mayores llamada el Abbiot.

Tomamos juntos un té de bienvenida antes de dirigirnos a las tiendas, mientras nos explicaban los distintos lugares en un pequeño mapa. También nos asignaron un grupo para compartir experiencias y otro de trabajo, este último destinado a mantener limpio y en orden el campamento.

Los equipos estaban formados por jóvenes de diferentes nacionalidades, lo que hacía difícil entenderse en lo práctico; había que esforzarse usando la mímica y las pocas palabras que conocíamos en inglés. No teníamos traductores para estas actividades del día a día. El trabajo consistía en limpiar los baños y las zonas comunes, o ayudar en la cocina con todo lo que ello suponía: servir comidas, lavar cacharros y lo que fuera necesario, para asistir a la multitud de jóvenes que habían llegado esa semana.

El primer día nos sorprendió el sonido de las campanas que se encontraban colocadas en el centro del campamento; eran muy grandes y repiqueteaban muy alto. Su voz cantarina y diligente se escuchaba durante largo rato. Ellas eran las encargadas de despertar a toda la población para que acudiera a la primera cita, que era a las ocho para la oración de la mañana. Luego seguía el desayuno y la formación de grupos de trabajo.

La actividad diaria estaba regida por tres encuentros comunitarios, en los que nos reuníamos todos en la iglesia de la Reconciliación. Durante la oración impresionaban largos silencios donde no se oía ni una mosca, y que se alternaban con cantos que se repetían a manera de canon durante largo rato; eran frases cortas en diferentes idiomas que nos llegaban muy adentro.

En el centro de la nave se colocaban los hermanos de la comunidad, separados por unas jardineras con plantas verdes del bosque, y el último lugar entre ellos lo ocupaba el prior, el hermano Roger Schutz. Los jóvenes quedábamos colocados a ambos lados y detrás de ellos. Durante la celebración había momentos especiales. Los cantos eran acompañados de toda clase de instrumentos que sonaban como una pequeña orquesta, a la que daba forma cada semana el hermano Roberto, para quien la música era una de sus pasiones. Él se encargaba de los cantos, y lo hacía muy bien. Conseguía magníficos coros en tiempo récord. Lo normal era que la gente permaneciera en Taizé solo una semana, y en circunstancias muy especiales dos. Así que Roberto debía improvisar y crear nuevas orquestas con los músicos itinerantes que llegaban por la colina cada semana.

Durante los encuentros de oración el clima tan especial que se creaba te envolvía, y podías llegar fácilmente a un estado de quietud y paz interior. A veces estos encuentros resultaban cortos y los jóvenes permanecían en la iglesia durante horas. Solía ocurrir en la oración de la tarde, cuando hasta avanzada la noche seguían en la iglesia cantando y disfrutando del recogimiento y del estado que se creaba. Me impresionaban esos silencios que priorizaban la escucha sobre las palabras, a las que estaba acostumbrada en las homilías dominicales.

Taizé sigue siendo un espacio de refugio como en sus inicios, acogiendo a personas que viven en lugares de conflicto y guerras. Es un puerto seguro donde llegar sabiendo que eres bien recibido. Taizé acogió a gente de Sarajevo cuando tuvo lugar la guerra de los Balcanes. También durante la masacre de los grandes lagos en África llegaron algunas familias solicitando refugio. En la actualidad llegan ciudadanos de Ucrania pidiendo asilo. Existe un movimiento denominado «Operación esperanza», que presta ayuda a algunos países de origen de las personas acogidas.

CAPÍTULO 4

LA SEMANA EN TAIZÉ

Conocer esta comunidad dejó una gran huella en mi vida. Salí de los estrechos límites de un grupo parroquial abriéndome al mundo, viviendo la fe a través del encuentro con diferentes culturas y confesiones, así como con diversas formas de expresión más allá de los credos y las ideologías.

La experiencia duró solo una semana, si bien fue tan intensa que me marcó para siempre. Actualmente sus cantos son muy conocidos en todos los rincones del planeta gracias a la difusión en CD y a los jóvenes que visitan la comunidad y que, más tarde, cuando regresan a sus lugares de origen, los cantan y los transmiten. Son también importantes los encuentros internacionales que ocurren cada año en el mes de diciembre y en distintos países, donde los jóvenes de todos los lugares llegan cantando por las calles, plazas y metros una melodía que los congrega, y al sonido de sus voces se van encontrando. Me sigue resultando emocionante escucharlos cuando asisto a alguno de estos encuentros.

Terminaba la semana en Taizé con el encuentro del domingo al mediodía, y como era de esperar a la llegada del momento de la partida ninguno de nosotros quería marcharse. Nuestro deseo era poder prolongar la estancia una semana más, y lo intentamos, pero resultaba imposible, pues la vuelta estaba planeada. La guagua contratada con su chofer nos esperaba y no había más remedio. Tocaba recoger y partir.

Las despedidas y los llantos nos acompañaron junto con las mochilas hasta el aparcamiento, y también los deseos irresistibles de regresar atrás y ocupar de nuevo las tiendas con vistas a prolongar la experiencia. Mas no hubo varita mágica que lo consiguiera. «Nuestras tiendas» ya no eran nuestras. Las habíamos limpiado y preparado para acoger a los nuevos grupos que llegarían pronto, y a nosotros nos tocaba decir hasta la vista. Así es la vida en Taizé.

Desde el autobús decíamos adiós a los que permanecerían un tiempo más largo. Éramos conscientes de que una parte de nuestro corazón se quedaba entre las campanas del prado y el campo del silencio. Agradeciendo la aventura emprendimos la ruta de vuelta. Mientras descendíamos de la colina, miraba por la ventanilla para despedirme de lo que aparecía a mi vista. Las imágenes pasaban muy rápido. Al iniciar la bajada, tuvimos la oportunidad de saludar a algunos jóvenes que llegaban y subían a pie cargados con sus abultadas mochilas, que apenas permitían verlos, solo les veíamos una mano respondiendo a nuestro saludo.

Alcanzamos el último tramo dejando la pequeña carretera del pueblo para incorporarnos a la principal, rumbo a Lyon. A partir de aquí ya eran tramos rectos con grandes árboles a derecha e izquierda, e íbamos perdiendo el rastro de la pequeña colina de Taizé. A medida que nos alejábamos me prometí que volvería algún día por una temporada más larga. Durante el viaje de regreso no cesaron de desfilar por mi memoria las experiencias vividas en esa semana. Mi agenda, testigo fiel de mis nuevos amigos, estaba repleta de direcciones. Eran hermosas amistades que se habían forjado en aquella intensa semana en la que se unieron nuestros destinos. La repasaba una y otra vez viendo sus caras y sus gestos. Todos éramos jóvenes especiales llenos de bellos ideales y con mucha pasión por cambiar el mundo; grandes luchadores que habitaban en distintos puntos de la geografía terrestre, desde los países nórdicos hasta Latinoamérica, Japón, Canadá y otros lugares que en el futuro podría visitar para encontrarlos de nuevo. Sin embargo, por encima de todo, mi anhelo más profundo era volver, y repetir la experiencia.

Durante mucho tiempo, incluso años, me acompañó ese deseo; de tal manera que era un presente en mi subconsciente y lo soñaba con mucha frecuencia. Me visualizaba subiendo la colina, saludando a todos, acercándome a la acogida; y de repente, me despertaba sintiendo la decepción. Me decía: «Este viaje vive en mis sueños hasta que consiga realizarlo».

Todo me fue favorable y pasados unos años lo logré. Aquel había sido el primer concilio de los jóvenes. Esta segunda vez llegué a permanecer un tiempo más largo al servicio de la comunidad. Pude conocer de cerca toda la riqueza del lugar de una forma más reposada e integrarme con plenitud en la vida que bullía en la colina.

Fue muy emocionante cuando a la llegada me recibió el sonido de las campanas. Lloraba al tiempo que me sentía tan feliz... Volver a ver de nuevo cada rincón mientras me dirigía a la iglesia de la Reconciliación. Entonces los cantos me parecieron más bellos que nunca. Me senté y cerré los ojos dando gracias por ese maravilloso momento, en el que se pisa de nuevo la tierra prometida.

Esta vez el viaje lo había hecho sola en tren desde Barcelona hasta Lyon, disfrutando del hermoso paisaje del sur de Francia, toda la costa azul con sus ríos y playas.

Una vez instalada en la colina me enfrenté de lleno al problema del idioma, tenía que comunicarme en francés. Solo había estudiado inglés en el bachillerato, y no era suficiente para mantener una conversación al ritmo que exige la convivencia con nativos, así que tenía que recurrir a la mímica y a imitar el estilo de comunicación local.

Disfruté durante todo un año, en el que me sumergí en el día a día de la comunidad. Aprendí pronto a colaborar con lo que se vive allí, comprobando que es un trabajo muy intenso. Tienes que estar pendiente de muchas cosas. El horario es ajustado, con escasos ratos libres, algo que nunca percibes cuando vas por una semana.

La experiencia de compartir con los jóvenes que llegaban me seguía resultando enriquecedora. Había que conocerlos y acompañarlos durante el tiempo de su estancia.

Los grupos de gente que vivíamos en Taizé por largos períodos de tiempo se llamaban permanentes. La convivencia entre nosotros era cercana y el compartir profundo. Así fue como conocí a mi amiga María, de Alemania. Coincidimos en muchas actividades. A ella le gustaba tejer en los ratos libres y yo la veía con las dos agujas haciendo bufandas o calcetines para todos. Tenía mucho interés en aprender español y me propuso que le diese clases. Nos gustaba caminar, por lo que acordamos que en los descansos en los que coincidiéramos, y mientras realizábamos nuestros largos paseos, daríamos las clases. Decidimos hacer las clases con canciones. Saqué todo mi repertorio en castellano y resultó ser muy divertida la experiencia. Ella conocía algunas canciones, y pasábamos la tarde cantando por los prados y bosques de los alrededores del pueblo. El caso es que el método funcionó porque ella aprendió muy rápido. En pocas semanas estuvo lista para seguir conversaciones con los españoles que residían o pasaban por allí.

Cada día en Taizé era una aventura. Durante el año hay épocas más tranquilas, como en el invierno, que hay menos visitantes. Con todo, siempre había mucho trabajo de infraestructura que hacer.

Cuando ya llevaba varios meses con ellos, decidí realizar un retiro durante una semana, que luego se prolongó a tres. En ese tiempo de quietud y serenidad, en el que se suspendieron todas las actividades que realizaba para escuchar y sentir el ritmo de mi corazón, fue cuando emergió en mi interior una llamada a la soledad y el silencio. Tuve la sensación de que debía irme a vivir a una isla desierta en el futuro. Mientras duró el retiro, daba largos paseos por los alrededores, y un día me adentré en el bosque. Una tarde durante esos paseos llegué hasta un lugar poblado de árboles que se encontraba alejado de la comunidad. Me introduje por un camino apenas señalado, escondido entre la maleza y que me condujo hasta una cabaña de madera camuflada en la vegetación. Fue todo un símbolo para mí; como una visión. ¿Era eso lo que anhelaba? ¿Una isla desierta y escondida, un lugar oculto donde permanecer rodeada de árboles? Cuando terminé el retiro guardé esas sensaciones en mi corazón, y con el tiempo también finalizó mi estancia en Taizé.

Aquella soledad que pedía mi alma me llevó más tarde a conocer una comunidad en Barcelona, que vivía intensamente la llamada al desierto. Llegué hasta allí guiada, como siempre, por esa luz invisible que guiaba mi vida, abriéndome caminos y llevándome de la mano.

Los acontecimientos se sucedieron casi sin planificarlo, pues al volver a España visité en Barcelona a un joven amigo del movimiento Edelweiss, con el que había tenido una relación muy especial, Matías. Él estaba finalizando la carrera de Bellas Artes y vivía en la calle del Olvido, en un piso de estudiantes en el que me acogieron sin problemas, y donde pude quedarme varios días. Disfruté del encuentro sin prisas. En esos momentos mi único objetivo era encontrar ese lugar donde poder vivir lo que había descubierto en mi retiro.

Encontrarnos de nuevo fue una gran alegría, y se sucedieron largas veladas en las que compartimos las aventuras y desventuras de los años trascurridos sin vernos. Me contó entusiasmado que conocía una comunidad que vivía en el campo, en un lugar apartado donde además vivían ermitaños. Él los había visitado varias veces, y después de escuchar mis inquietudes y deseos tuvo la intuición de que justo era lo que yo estaba buscando. Elegimos el primer fin de semana que tenía libre y me acompañó.

Al llegar me enamoré del lugar. Si bien no era una isla desierta, el sitio me pareció magnífico: una casa en medio de la naturaleza y rodeada de bosque. Me sentí de inmediato parte del ambiente que allí se respiraba, y entre otras cosas me llamó la atención un gran reloj de sol colocado en la pared, a un lado del frontis de la entrada principal de la casa.

CAPÍTULO 5

CON MIS SILENCIOS ADENTRO

«Me adentro en el bosque rodeada de árboles y pájaros. Mis pies descalzos se hunden en la tierra a cada paso que doy. Sentir la tierra me produce firmeza y estabilidad».

Sola, sola con mis silencios adentro. Los silencios me permiten acallar los ruidos que revolotean en mi cabeza. Estoy aprendiendo a soltarlos sin seguirlos ni reprimirlos, centrándome en respirar conscientemente y dejándoles que pasen de largo, como hacen las olas en el mar o las nubes en el cielo.

Mi casa es una tienda de tela y se encuentra plantada en medio del bosque. Al fin encontré mi bosque y mi lugar en él. Me he desprendido de todo lo que he podido, incluidos mis zapatos, moviéndome en total libertad y enraizándome en la tierra. He cubierto mi cuerpo con un sari blanco.

Hoy ha llovido y al caminar mis pies se deslizan por el barro mojado produciéndome una desconocida sensación. Me abro paso encontrando nuevos caminos incluso en zonas donde la vegetación es muy tupida, aprecio que son lugares no pisados por ningún humano desde hace mucho tiempo. Constato que esconden en su interior la belleza de los lugares vírgenes. Esquivo las zarzas y helechos para que no lastimen mis pies. Ya no son los de antes, pues desde que camino descalza se han ensanchado tanto que no caben en mis antiguos zapatos, pero me he acostumbrado a andar sin ellos y no los necesito. Estoy feliz de caminar en la sencillez de mis pies descalzos, habitando estos silencios que me rodean en medio de este hermoso bosque que me ha acogido en su vientre.

Mi vida ahora tiene otro rumbo. Con la mirada hacia adentro navego por mi río sin remos, avanzando con mis propias manos en esta canoa que me he fabricado. Con ella me adentro en lo más hondo de esas partes vírgenes que nadie conoce, me muevo observando cómo conviven las más intensas nieblas con las más hermosas claridades. Siento caer despacio las hojas de los árboles que pueblan el suelo de hojarasca, mientras yo misma voy despojándome de ropajes antiguos y capas de la personalidad que he arrastrado a lo largo de los años.

Con el viento comienzo a desplegar mis alas, esas que de pequeña aparecían tantas veces en mis sueños, cuando me sentía volar remontando colinas, esquivando acantilados y bailando entre las nubes. Lo recuerdo como una danza maravillosa que me volvía ligera, y aunque la tierra me resultaba hermosa, no me atrevía a pisarla para no perder la inmensidad del vuelo.

En cambio ahora, despierta y consciente en medio del bosque, resuena con renovada fuerza en mi interior una voz: «Vuela, tú conoces el vuelo, vienes de la otra ribera, donde la gente desplegó sus alas y no se deja apresar por nada ni nadie. Abandónate a la inmensidad».

Me despertaba cada mañana en el corazón del bosque; las frágiles paredes de tela de mi tienda eran mi casa y también mis alas.

Comenzaba el día recreándome con el sol que se filtraba con lentitud entre las ramas de los árboles, y disfrutaba de cada rayo que llegaba hasta mi cara consiguiendo calentarme. Realizaba la salutación al sol inclinándome frente al astro rey, para así agradecer su luz y calor.

Aquella maravillosa aventura que había comenzado estaba libre de prisas y horarios, armonizándose con mi reloj interno. Tras saludar al sol caminaba hacia el pequeño riachuelo para lavarme. El agua estaba helada a esa hora de la mañana y conseguía espabilarme del todo. De regreso a la tienda preparaba una malta en el *camping gas* que me servía de cocina. Sentaba bien tomar algo caliente antes de la meditación.

Durante varias horas permanecía quieta, en una meditación profunda. Nada me perturbaba. Allí vivía sin prisas y no me esperaba nadie. Estaba sola en medio del bosque, protegida por las ramas de los árboles que me cubrían, alejada de miradas extrañas, y yo intentaba fusionarme con el paisaje. Al adentrarme en el bosque, él se convertía en mi casa y yo lo percibía como un traje hecho a la medida de mi piel. Cada día me adaptaba más y más. Estaba sola en medio de la nada, pero a pesar de ello en ocasiones me sentía tan llena de presencias como si estuviera rodeada de gente.

En algún momento del día, si oía cierto ruido extraño, corría a esconderme en la tienda de alas al viento, permaneciendo agazapada, tranquila en el silencio hasta que el ruido desaparecía. No era frecuente que ocurriera, pues como he explicado era un lugar bien alejado. Solo los hermanos de la comunidad venían de visita alguna vez y entonces avisaban unos días antes. Al llegar, hacían sonar una pequeña campana ubicada a pocos metros de la entrada de la tienda.

No obstante, en un lugar así cualquier cosa puede ocurrir, y aquella tarde estaba caminando alejada de la tienda cuando escuché el sonido lejano de unos pasos que se acercaban. Dudé si salir corriendo a mi escondite o quedarme petrificada como si fuera un árbol más, plantado sobre sus propias raíces. Esperé unos segundos y los pasos continuaban. No hice ningún movimiento, intentando escuchar la procedencia, y calculé que sonaban cerca. Mas el suspense duró poco, ya que pronto reconocí el silbido de una melodía conocida, que percibía cada vez con mayor claridad. Se trataba de Ángel y su voz llamándome: «Ma Ananda, sal de tu escondrijo», decía con su voz cantarina y alegre.

Recogí mi poncho, que había dejado colgado en el árbol mientras buscaba leña, y salí a su encuentro.

Ángel, el ermitaño, era uno de los pocos que conocía mi nombre secreto. Vivía en lo alto del bosque. Su ermita estaba en un lugar privilegiado y tenía unas vistas hermosas al valle. Cuando llegó a la comunidad, tuvo la suerte de elegir el lugar y poder construirla con sus propias manos, con la ayuda de algunos hermanos.

Había llegado de su vuelta de Asia, donde vivió. Era de estatura mediana, moreno, con ojos azules. Llevaba gafas y desde pequeño se había adentrado en su camino espiritual.

Junto a su ermita, Ángel consiguió hacer un huerto que él mismo cultivaba y del que se alimentaba. Plantaba hortalizas de temporada, hierbas medicinales y algunas frutas. La cosecha la compartía con el primero que apareciera por allí en el momento de su recolección. Eran especiales las habas, que solían darle una buena cosecha. En ocasiones compartimos algún guiso, que junto con el pan recién horneado, amasado con silencios y rezos, era un lujo para el paladar.

Esa tarde había venido a traerme alimentos que le sobraban de lo recolectado. Nos sentamos juntos a la entrada de la tienda, donde yo tenía la cocina, a tomarnos un té. Esos momentos en los que compartíamos vivencias sobre la vida eremítica me eran de gran utilidad. Yo aprovechaba sus años de experiencia para consultar mis dudas, pues todo me era nuevo en ese camino. Los encuentros terminaban con un largo rato de silencio, y en ocasiones eran los cantos de Taizé los que ponían el punto final hasta el gozo infinito, como diría el hermano Roger.

A través de los cantos también se consigue aquietar el pensamiento, tal como ocurre al repetir un mantra. Poco a poco se va serenando todo ese ir y venir de ideas. Se entra en un estado de quietud donde el silencio te abraza como una melodía eterna. Cantar en plena naturaleza era algo muy especial para mí. Sentía que la sinfonía resonaba en el lugar como en las más antiguas catedrales góticas, elevándose al cielo directamente.

Con frecuencia me ocurría, cuando estaba meditando, que después me resultaba difícil salir de ese estado para volver a la realidad.

Esa tarde, después de la meditación con Ángel, volvimos a la realidad practicando ejercicios de yoga que él dominaba muy bien; nuestro cuerpo se volvió a energizar y nos despedimos en silencio. Me quedé observando cómo su silueta desaparecía entre la niebla del atardecer.

Cuando vives sola y alejada de todos, recibir una visita es siempre una fiesta y se disfruta mucho, porque la alegría de encontrarnos y compartir ocurría en contadas ocasiones. Al quedarme sola me puse a desgranar las habas que me trajo, para comerlas al día siguiente.

Ma Ananda no era mi nombre de pila por el que se me conocía hasta entonces; fue uno nuevo que se esculpió en mis entrañas. Durante mi primera estancia en Taizé me regalaron una piedra que decía: «Te daré un nombre nuevo cuyo significado solo tú conoces». Y Ma Ananda fue pensado para mí por los dos ermitaños que vivían en el bosque. Cada domingo subía a desayunar con ellos. Nos encontrábamos en la ermita de Javier, que era la más cercana a la casa comunitaria, para luego ir al encuentro con los demás hermanos. La comunidad era quien amaba y sostenía esta vida de silencio y contemplación, un viaje del alma hacia las profundidades del ser. Vivíamos a su sombra y los domingos participábamos todos juntos en el gran encuentro.

Esa mañana radiante de sol en la que estaba próximo el verano, los campos empezaban a mostrarse resecos. Mientras subía la cuesta que conducía a la ermita de Javier, recordé que en el encuentro anterior los ermitaños me anunciaron: «El próximo domingo tendremos un regalo para ti». En su momento estuve intrigada, pero luego dejé de darle importancia hasta olvidarlo por completo. La semana resultaba ser bastante intensa, si bien, al llegar, me recordaron la sorpresa anunciada nada más verme.

Nos sentamos juntos a meditar durante un rato como cada domingo, cuando de pronto ellos dos se levantaron y colocaron sus manos en mi cabeza. Comenzaron a llamarme por ese nombre nuevo que habían elegido darme. Yo permanecí confiada y escuchando todo lo que encerraba su significado: Ma Ananda. Fueron palabras muy hermosas y emocionantes de los experimentados ermitaños y que yo recibí con júbilo.

Lo viví como un acto sagrado y dejé que todas las bendiciones de la imposición de manos me calaran hondo. Estuve un tiempo sin poder articular palabra, como dentro de una nube, en aquella ermita de la transfiguración. Más tarde volví junto a ellos a la realidad con un magnífico desayuno, gracias a la célebre despensa de Javier. Él tenía siempre una cesta llena de cosas ricas que le traía la gente que subía a verlo, y que él guardaba para compartir.

Javier era uno de los dos ermitaños que iniciaron la comunidad, y se encargaba del seguimiento del proceso de cada hermano. También atendía a personas que venían de fuera a consultarle.

Durante ese desayuno dominical compartíamos las anécdotas de la semana, reíamos con las pequeñas cosas que nos ocurrían. Era nuestro rato de expansión, y al terminar retomábamos el silencio para dirigirnos a la celebración con el resto de la comunidad y con alguna gente que solía subir cada domingo.

Un antiguo establo acondicionado servía como la sala de meditación y de encuentro. Los techos eran de madera ya muy vieja y casi negra, con algunas vigas en el medio. El suelo sostenía una tarima sobre la que en una mesa baja se colocaban iconos y velas que invitaban al recogimiento.

En la pared lateral derecha se encontraba la única imagen de la sala. Una joven María con aspecto de campesina y con su niño en brazos. Llevaba un pañuelo en la cabeza y su rostro reflejaba la mayor de las ternuras. La totalidad de la comunidad la formaban un grupo de jóvenes de ambos sexos de entre veinte y treinta años.

Todos habíamos llegado hasta allí buscando respuestas, atraídos por la vida alternativa en el campo y el silencio. Unos venían de la mano de alguien, y otros aparecían conducidos al lugar por su propia búsqueda. Los jóvenes de las zonas más cercanas solían venir con frecuencia. En cualquier caso, gracias al boca a boca se conocía la existencia de la comunidad, y con asiduidad llegaba gente de todos lados.

Felipe era el segundo ermitaño que comenzó aquella aventura. Él se había dedicado más a la comunidad, velando porque todo marchase bien. Era el encargado de acoger a los nuevos y se coordinaba con Javier en la toma de decisiones importantes. El espacio era una masía enorme y antigua de dos pisos. Estaba rodeada de ciento veinte hectáreas de bosque, entre los que había campos que se sembraban y cultivaban en los alrededores de la casa principal.

Del cultivo de las tierras se encargaban los antiguos medianeros de la finca, que vivían en una modesta casa, situada al otro lado, cerca de las cuadras. Había también muchos animales a su cargo: vacas, gallinas, conejos y dos perros, uno grande llamado Tanit, y otra pequeña y regordeta que era Perla. El Tanit hizo muy buenas migas conmigo y siempre me acompañaba de vuelta a casa por el bosque.

La comunidad tenía mucho encanto. Éramos gente joven, alegre y sincera. La mayoría catalanes, aunque también había vascos, andaluces y un alemán. Todos muy honestos en su búsqueda, respiraban alegría y aire fresco, como ocurre en esos años jóvenes en los que estamos dispuestos a cambiar el mundo, rebosantes de entusiasmo. Las buenas energías quedaban patentes en las celebraciones comunitarias. El abrazo de paz que caracterizaba las eucaristías de los domingos era una forma de acoger al otro desde la totalidad de su ser, con su debilidad y divinidad; nos hacía sentir unidos en el camino de trascender el ego y convertirnos en personas iluminadas. Los fines de semana subía mucha gente al encuentro. Algunas personas ya eran conocidas porque asistían cada domingo. Otras llegaban por primera vez y por lo general solían quedarse algún tiempo. Los sábados por la noche teníamos vigilia, en la que alguien compartía su trayectoria de vida. El resto las escuchábamos, maravillados ante el hilo conductor que las había llevado hasta allí.

Estos encuentros eran momentos emocionantes en los que se creaba una profunda comunión. Fui aprendiendo a lo largo de los años que los seres humanos nos encontramos por algo. Nuestros caminos se cruzan en el justo momento en que necesitamos crecer y aprender de la experiencia de otros individuos que se van «incorporando» a nuestra propia aventura.

El domingo para la comunidad era el día festivo por excelencia. Tras la celebración la gente se quedaba a comer. Ese día poníamos a la venta nuestros productos, iconos, miel y artesanías. Era una de las fuentes de ingresos junto con el taller de encuadernación.

Nosotros, los ermitaños, seguíamos otro ritmo diferente y terminada la celebración nos marchábamos. En mi caso, acudía a la despensa para llenar la mochila con provisiones de comida que necesitaba para la semana. También recogía el material de trabajo con el que hacer iconos, tablas, láminas, betún de Judea y otras cosas que necesitaba para mi labor diaria. Me dirigía a la puerta trasera intentando pasar desapercibida. Quien sí se enteraba de mi escapada era el Tanit, que me olía de lejos y me acompañaba a las profundidades del bosque. En ocasiones coincidía con Ángel, ya que una parte de nuestro camino era común; entonces nos acompañábamos en silencio hasta la bifurcación donde él subía y yo bajaba.

CAPÍTULO 6

LOS SERES DEL BOSQUE

«¡Oh, señor mío de mis silencios adentro!», repetía una y otra vez. Era como un anhelo que se escapaba de mi alma y resumía el diálogo interior que me acompañaba. Esas palabras escondían una multitud de sentimientos y emociones imposibles de describir, una síntesis de un pozo que se excavaba en lo profundo y que conducía a mi alma a inmensidades desconocidas. Agradecía cada día el hecho de despertarme en el bosque, donde disponía del espacio y el lugar para abandonarme al silencio que tanto necesitaba, y que ahora formaba parte de mi paisaje interior.

Una mañana me puse en camino desde muy temprano, para llegar a un lugar donde los árboles más altos eran movidos por el viento y resonaban como un bello canto. Fueron momentos mágicos. La serena belleza de la naturaleza silenciaba mis pensamientos y me empapaba de ternura y plenitud. Extasiada, iba saludando a los habitantes del bosque que me acompañaban. Los sentía casi en mi piel, compartíamos el mismo espacio y en algunos momentos percibí que nada nos separaba. Éramos un mismo ser abrazado por el cosmos.

Esa unidad que nos devuelve a la humanidad que ama es algo que no siempre somos capaces de sentir. El ser humano, al fin y al cabo, no es más que una hormiga que camina con paso torpe, aplastando lo que toca, sin darse cuenta de que somos parte del todo. Solemos perdernos en el mundo abstracto, entre los miles de recovecos que tiene la mente. Así que experiencias como estas nos ofrecen momentos de conexión con lo que nos rodea, y pueden abrirnos los ojos a la realidad más auténtica de nuestro yo. Somos seres divinos en evolución en la tierra; hermanos y compañeros de camino de todo lo que nos rodea, y necesitamos vivir desde la plenitud de la unidad.

Pasados algunos meses de estancia en solitario en el bosque, mis sentidos se habían agudizado de tal forma que ahora conseguía integrar los sonidos que escuchaba a diario, y que para entonces me resultaban tan familiares. Podía distinguir al pájaro que me despertaba cada mañana del que hacía su casa en el árbol. Identificaba el golpe seco de las piñas al caer de los pinos, la hojarasca movida por el vientecillo de la mañana, los cencerros de los rebaños que se oían a lo lejos, el cortejo de los pájaros haciendo gorgoritos en la época de apareamiento y un sinfín de sonidos más. Por eso, si percibía algún ruido extraño estaba alerta, permaneciendo en guardia hasta localizar su procedencia exacta. Supongo que es también así para los animales y los habitantes del bosque.

Los sonidos y el silencio fueron los intervalos de una melodía que despertaba la poesía que dormía en las profundidades de mi ser. Cantan los pájaros y sopla el viento.

Adentro había también otro bosque lleno de espesuras, espinas, frutas sabrosas, desiertos resecos y angostos. Caminos que tuve que recorrer, a veces con lágrimas a veces con gozo, añorando, recordando y hasta tocando mi propia fragilidad humana, consciente del milagro que cada día resulta tan fugaz como el aletear de una paloma que no consigues atrapar. Intenté domesticarla y dirigirla, pero ella me sorprendía con su vuelo, planeando a sus anchas. Sentía mi alma emergiendo libre, movida por corrientes que me llevaban a los rincones más difíciles e inaccesibles del ser, y allí encontraba una total paz y serenidad en el día a día de mis silencios adentro.

Es cierto también que no todo era calma y silencio. Un día sopló el viento con tanta fuerza que creí que la frágil tela de mi tienda iba a sucumbir. Contemplé desde lejos, cuando regresaba de un paseo, cómo eran zarandeadas sus velas con violencia, y corrí a refugiarme en su interior tratando de hacer contrapeso. Me agarré a sus palos y por unos segundos creí que yo saldría volando también con ellos. Hubo suerte y no fue así. Con el peso de mi cuerpo y lo poco que duró aquella ráfaga no pasó nada, pues la ventolera amainó en breve y pude salir de la tienda. Tras comprobar que todo volvía a la normalidad, me dispuse a recoger lo que había por los alrededores. Luego pude sentarme tranquila a contemplar cómo la situación volvía a la calma habitual.

Más tarde, reflexionando sobre la experiencia, me resultó una buena metáfora de los estados emocionales que vivimos. En ocasiones nos sentimos amenazados. Todo se mueve y no queda títere con cabeza. Por algunos instantes creemos que vamos a sucumbir y nos sentimos arrastrados a situaciones desagradables que no alcanzamos a comprender. Sin embargo, esto también pasa y más tarde todo vuelve a la calma. Nuestros miedos son en la mayoría de los casos construcciones mentales que nos sacuden, como en aquella ocasión me sucedió con el viento. Se aprende que es necesario mantener la calma y esperar a que pase el temporal, porque siempre pasa.

Justo ese día hubo un bello anochecer. Me senté afuera a contemplar el cielo y comprobé que todas las estrellas estaban en su sitio. Me dejé cautivar por la quietud que transmite la serenidad de la noche, en la que nada se puede alterar, y recordé los versos del poeta Miguel Hernández: «Y tras de ellos, el cielo, ni se enturbia ni se empaña». El gran poeta de Orihuela lo describió magistralmente, en su bello poema *Vientos del pueblo*.

Me gusta contemplar el cielo por la noche y mirar todo lo que acontece en esa dimensión. Observar cómo el ocaso avanza mudando el color azul claro, para convertirse en azul intenso primero y luego color índigo, que deja paso al manto negro de la noche. Ver asomarse a las estrellas. Incluso reconocer algunas constelaciones y percibir las señales que aparecen en el cielo y que son guía de caminantes, en lugares difíciles como en los desiertos, donde las caravanas se orientan siguiendo su rastro y llegan felices a su destino sin más guía que el cielo. Las estrellas no todo el mundo puede verlas, mas están ahí para indicarnos la ruta.

En la comunidad se establecieron los jueves como día de encuentro y expansión y no se podía faltar. Uno de esos días, cuando llegué a la casa, me encontré con Carmen, la medianera, que me contó que pensaba en mí con frecuencia. Me sorprendió, porque yo casi no la veía. Me dijo que estaba preocupada por mí; le parecía una insensatez que viviera sola en una tienda y en un lugar tan apartado, que solía haber jabalís salvajes en la zona y que podrían atacarme en cualquier momento.

—Son muy agresivos —me dijo—, sobre todo cuando sienten amenazado su territorio. ¿No te dan miedo?

—No, nunca los he visto —le respondí.

La escuché con mucha atención, ya que me advirtió de lo que debía hacer si me los encontraba, y cuando se marchó, entendí que por primera vez sentía miedo. Ella tenía razón.

Yo estaba sola en medio del bosque, viviendo en una frágil tienda de campaña que resultaba fácil de atacar y derribar, y nadie podría oírme porque estaba muy alejada de todos. Entonces fui consciente de un peligro que no había ni imaginado y me inquieté. Más tarde y con calma pude reflexionar, dándome cuenta de que se trataba de su desasosiego y de sus miedos, y no tenía por qué hacerlos míos.

Hasta entonces había vivido en la certeza de que nada malo me pasaría, y era importante no perder esta confianza. Me convencí de no darle cabida a esos temores y tuve el firme propósito de mantener a raya los miedos. Resultó efectivo. Nunca vi un jabalí en mi estancia en el bosque ni ningún otro temor logró perturbarme.

Entrando marzo saludé a la nueva primavera. El suelo del lugar se fue convirtiendo en una alfombra multicolor. Por los caminos y veredas asomaban flores que brotaban con toda su fuerza despertando del letargo invernal. Como andaba descalza y miraba dónde ponía los pies, observaba que hasta la más pequeña rama escondida entre el musgo, por muy insignificante que fuera, tenía su flor, a veces diminuta. Sentía que las flores se abrían a mis pies para ofrecerme toda la belleza de sus pétalos. Me dio pena pensar que muchas veces pasamos sin conciencia y las pisamos, sin poder descubrir su diminuta hermosura ni su largo proceso hasta llegar a florecer.

La fuerza de la vida que renacía por doquier era como un augurio de la Pascua florida que se acercaba. Detrás quedaba el letargo del otoño que dormía en los árboles y el duro invierno, que como la muerte lleva escondida la semilla de una nueva vida.

En primavera aprovechaba las horas de sol para hacer largas caminatas y recoger bayas. En esa época el paseo era una maravilla y las frutillas estaban en su esplendor. Con ellas completaba mi alimentación, que consistía en arroz integral y manzanas que me traía los domingos de la comunidad. También aprovechaba los paseos para estirar las piernas, sobre todo cuando llevaba algunas horas sentada en lo que era mi trabajo diario con los iconos.

CAPÍTULO 7

LA COMUNIDAD

Las manzanas y otras frutas que consumíamos eran las que desechaban en el mercadillo del pueblo. Allí no las podían vender porque estaban picadas o se veían feas y la gente no las compraba. Cada semana bajaban dos hermanos ya conocidos por los vendedores que se las guardaban. Al final la fruta estaba en buenas condiciones, solo tenía alguna picadura o un pequeño golpe, motivo por el que la retiraban de la venta; pero a nosotros nos venían muy bien. Aprovechábamos todo lo que nos daban, pues éramos muchos y las entradas de dinero escasas.

Igual ocurría con la ropa. Nuestro armario se surtía con lo que nos traían amigos y conocidos, ropa que no usaban o estaba pasada de moda. Todo nos era útil; unas veces ellos la traían y en otras ocasiones la recogíamos nosotros al hacer los recados. En la comunidad todo resultaba de gran utilidad. Teníamos una habitación donde acudíamos cuando necesitábamos alguna prenda, éramos muchos y con diferentes tallas, pero curiosamente, como por arte de magia, siempre encontrábamos lo que buscábamos.

Conseguíamos vivir con los pocos recursos económicos que poseíamos, que junto con nuestro trabajo no siempre alcanzaban. Los iconos se exponían los domingos en la sala grande, donde montábamos una especie de mercadillo después de la celebración. Completábamos la fuente de ingresos prestando servicios de encuadernación con una pequeña imprenta. La enorme casa principal y el bosque eran propiedad de una extraordinaria mujer, que conoció el proyecto de la mano de los primeros ermitaños, a través de Teresa, una gran mística que estaba enraizada en la zona. Ella vio las posibilidades que el lugar tenía y no dudó en gestionarlo, hablando con la propietaria María y con ellos. Para los ermitaños, sobre todo, era un desahogo de cara a la acogida, pues vivían demasiado lejos y resultaba muy difícil acercarse a ellos. Cada vez le llegaban más personas que les solicitaban pasar unos días a su lado y no les era posible acogerlos. En este lugar, en cambio, tendrían la oportunidad de acogerlos y aceptar a la gente que quería unírseles.

María era muy especial, había puesto todas sus riquezas al servicio de los demás, y sus valores espirituales la hacían ser un modelo entre la gente de bien; era una mujer dulce y generosa que con frecuencia compartía celebraciones con la comunidad y que se ganó el cariño de todos. La casa grande tenía al lado un pequeño piso que se dedicó a la acogida de quienes deseaban compartir un tiempo con nosotros.

Entre los muchos que llegaban, había gente que venía buscando encontrarse o dar un giro a su vida, otros buscaban hacer una pausa durante algunos días. Cada cual cargaba con su mochila, y quedarse un tiempo no siempre era posible porque había más demanda que espacio.

No se cobraba a los huéspedes durante su estancia, solo al final se les pedía una aportación voluntaria para cubrir gastos que nos ayudaran con la economía, aunque en la mayoría de los casos se creaba un déficit, dado que la aportación estaba sometida a las posibilidades de cada visitante.

El huerto también cumplía su misión. Sembrábamos papas, lechugas y diferentes hortalizas. La alimentación vegetariana era poco ambiciosa y se basaba en lo que teníamos. A veces la gente subía y nos sorprendía con algún regalo que siempre nos venía bien, y lo agradecíamos de corazón. El trabajo era diverso. Cada mañana se repartían las tareas entre los miembros de la comunidad y la gente de la acogida.

A la entrada de la casa había un gran patio con un reloj de sol en la fachada lateral, que inspirara en su día a Marius Torres a escribir un bello poema. Marius Torres, médico y poeta catalán que sufrió los horrores de la guerra, pasó una temporada allí en 1946 mientras se recuperaba de la tuberculosis. En este lugar pudo respirar aires nuevos que le vinieron muy bien y mejoraron su salud durante un tiempo. En su estancia escribió algunos de sus poemas. Más tarde murió cerca de allí, en el Puig d'Elena.

La casa principal de la comunidad era grande. Tenía dos pisos y estaba llena de historia. En la segunda planta colgaban aún los retratos de la familia de María, la propietaria. Con el tiempo conseguimos guardarlos en otro lugar y poder decorar la casa a nuestro estilo.

En la cotidianidad de la vida comunitaria sonaba la campana a las siete menos cuarto, llamando para poder encontrarnos en la capilla a las siete; teníamos una hora de silencio seguido de cantos de salmos. Un nuevo toque de campana llamaba al desayuno y nos dirigíamos al comedor, donde estaba todo listo, preparado por el equipo encargado de ello esa semana.

No había café. Se sustituía por malta calentita que sabía a gloria bendita, acompañada con pan integral recién horneado y mantequilla comprada en Andorra, que era donde resultaba más barata.

El comedor era un lugar entrañable que conservaba el estilo propio de las casas de campo señorial. En el centro una larga y regia mesa de madera con bancos. Al frente dos puertas acristaladas de arriba abajo a través de las cuales se visualizaba una gran explanada, y los jardines que se ubicaban en la parte trasera de la casa. Mantenía una especie de porche delante, encima del cual se encontraba el balcón de la segunda planta. El jardín estaba señalizado por dos hileras de enormes árboles que apuntaban al cielo, una a cada lado del camino, colocadas justo antes de empezar a bajar la escalinata que llevaba a una especie de plazoleta en semicírculo. En este lugar era donde nos reuníamos a danzar en las fiestas importantes, como en la noche de Pascua de Resurrección.

Los árboles que había al frente eran cipreses. A través de ellos accedías a un lugar en el que el silencio de la naturaleza se hacía cada vez más palpable, pues al atravesarlos entrabas en otra dimensión donde las voces y los reclamos comunitarios quedaban detrás. El camino llegaba hasta un espacio llamado Campo del Silencio, destinado a personas que querían vivir unos días en solitario, en especial en Semana Santa y en el verano, tiempos en los que había mucho ruido y gente transitando por la casa principal.

En esa época, y aprovechando el buen tiempo, colocábamos las tiendas individuales, que solían estar muy solicitadas para los retiros y que, más tarde, ya en el otoño, se recogían y guardaban hasta la próxima primavera. El Campo del Silencio se encontraba cerca de las ermitas. La más cercana era la de Javier, que estaba justo debajo. La comunitaria se encontraba un poco más alejada. Pero ambas quedaban ocultas en el bosque y pasaban desapercibidas para cualquiera que anduviera por los alrededores.

Al fondo del comedor había una chimenea con asientos de madera unidos a la pared que creaban un ambiente de rincón de lectura, como una pequeña biblioteca. Este lugar más íntimo y acogedor también resultaba ideal para sentarse a conversar cuando llovía fuera. En el otro extremo del salón comedor se encontraba una estufa rústica de leña. Tenía una apertura en la parte superior y estaba en el suelo; los días de mucho frío la cargábamos a tope porque la sala era grande y costaba calentarla. En torno a ella se reunía la comunidad por las noches, antes de irse a dormir. Era también el lugar de las reuniones donde se trataban temas que había que trabajar o decidir juntos. Se valoraba en las asambleas comunitarias que cada uno diese su opinión y manifestara las dificultades que encontraba en la vida en común.

Los domingos, después de la celebración, compartíamos el almuerzo en el comedor. La gente que nos visitaba solía traer alimentos, siendo frecuente que sobrara comida. Cuando hacía buen tiempo se colocaban en una mesa improvisada en el patio en plan autoservicio. Entonces aprovechábamos la ocasión para quedar con alguien mientras comíamos, pues teníamos muchos amigos que solo podían subir de vez en cuando.

La sobremesa se alargaba hasta bien entrada la tarde. Se hacían danzas del mundo en algunos grupos, mientras otros tocaban la guitarra y cantaban todo el repertorio que teníamos para la ocasión, hasta que el sonido de la campana ponía fin a la celebración, recuperando la calma habitual. Tras despedir a los visitantes tocaba ir a la oración de la tarde y continuar la vida rutinaria de la comunidad.

Para los ermitaños lo de las celebraciones era diferente, pues se trataba de no perder la conexión con el silencio. Veían la fiesta a lo lejos; trataban de huir del requerimiento de la gente y el bullicio. Por eso se escabullían por la puerta trasera después de recoger provisiones y trabajo para la semana. Solo en las ocasiones en que la gente les solicitaba una cita se quedaban a comer, y una vez clausurado el encuentro regresaban a la calma y la serenidad de la vida en la ermita.

CAPÍTULO 8

ENCUENTRO CON EL ERMITAÑO

En la soledad de la ermita la vida no estaba exenta de batallas. En ocasiones nos involucramos en luchas titánicas en las que nuestro ego se resiste a desaparecer. Cualquier cosa puede desencadenarlo, ya sea un mal gesto o una situación de enfrentamiento en el encuentro con los hermanos.

Es curioso observar cómo en la soledad todo se agranda, se vive más directamente, con menos distracciones. Supongo que existen pocos lugares donde esconderse, y la mente sigue su curso habitual de dar vueltas. Conocemos ese diálogo interior que no cesa y ante el cual hay que estar atentos para no sucumbir. Con demasiada frecuencia ocurre que crees que todo se ha resuelto, en especial en momentos en que vives una completa armonía; mas en esto no hay nada definitivo. No hay ninguna batalla ganada. Es necesario estar atentos para conquistar la serenidad mental y poder detener a tiempo ese tiovivo de la mente que no deja de girar hasta el infinito. Necesitamos con frecuencia un golpe que la pare en seco y nos libere de los contenidos mentales, de lo contrario desayunamos con el conflicto ese día, al día siguiente, y muchos más. Santa Teresa de Jesús lo sabía muy bien y por eso llamaba a la mente la «loca de la casa». También ocurre cuando estás lejos del mundanal ruido que se acentúan las propias incertidumbres o preguntas, llegando a veces de forma sutil, como por ejemplo: ¿Qué hago yo aquí?, ¿para qué me estoy privando de todo?

Reaparecen dudas, miedos, trampas mentales o tentaciones, tal como fueron llamadas por los padres del desierto hace muchos siglos. Todo esto nos impide llegar al sitio de aguas tranquilas donde empiezan a caer los telones del ego. En ese lugar nos sentimos desnudos frente a nosotros y al mundo.

Existen otros momentos de serenidad en los que se tiene una claridad absoluta, en los que las piezas del puzle encajan y se siente que todo está bien. Hay aceptación de la propia realidad y se atraviesa por una paz insondable que surge de vivir en el aquí y ahora, donde se consigue el abandono en el proceso del camino que se está realizando.

Agradecí compartir con Ángel esos momentos de incertidumbre. Subí alguna vez hasta su ermita, después de haberlo discernido para que no fuera una evasión. Cuando llegaba, él se alegraba de verme y me recibía siempre con los brazos abiertos. En ese rato hablábamos, meditábamos y compartíamos la comida, lo que podríamos llamar un ágape.

Me interesaba mucho su experiencia en Vietnam, donde vivió varios años con el ermitaño de Montserrat, quien, en un momento dado, decidió abandonar su ermita en la montaña de dicho nombre para vivir entre la gente sencilla, inmerso en el silencio y lejos de su país de origen.

Ángel aprendió mucho con él. Era un hombre sabio y santo, curtido en la soledad y el silencio. Yo lo escuchaba muy atenta, pues me interesaba conocer acerca del ermitaño después del misterioso encuentro que tuve con él, y que se produjo cuando visité por primera vez la comunidad para conocerla.

Por entonces no había oído hablar de los ermitaños ni de la vida eremítica, y fue allí donde comprendí que, aunque yo no le tenía un nombre asignado, era ese el anhelo que traía en mi corazón desde el retiro en Taizé.

Cuando llegué a la comunidad por primera vez y supe que había ermitaños, me impresionó la idea y fue el momento definitivo para decidir visitar a uno de ellos. Me dirigí a la ermita de Javier, que era la más cercana, toqué a su puerta y me recibió cordialmente. Estuvimos hablando un rato.

«¿Qué te trae por aquí?», me preguntó. Le comenté mis dudas. Después de oírme con mucha atención, me propuso que hiciéramos silencio juntos para escuchar la respuesta. Al entrar, me había llamado la atención una fotografía de alguien que colgaba en la pared. Supe luego que se trataba del ermitaño de Montserrat. Aparecía vestido con su traje negro de benedictino, sus cabellos ondulados, largos y blancos, y tenía las manos entrelazadas en un gesto de estar explicando algo.

Durante el rato que duró el silencio sentí su presencia de una forma muy real, diría que estaba allí con nosotros. En esos momentos llegó la confirmación en mi corazón: «Todo está claro. Ese es el paso que necesitas dar en este momento de tu vida; perderte para todos y dejarte encontrar por la presencia escondida».

Cuando escuché el mensaje mi corazón ardió, igual que les ocurrió a los discípulos de Emaús. Comprendí entonces la fuerza de esa presencia como un volcán en mi ser. No sabía ni cómo ni cuándo iba a poder realizarlo, mas me sentí en camino desde ese mismo instante. Ahora todo estaba claro.

Ese momento de comunión profunda despertó en mí el deseo de conocer a ese hombre más de cerca, pero solo podía hacerlo a través de las personas que habían convivido con él y de sus escritos. Javier mantenía correspondencia con él en su ermita en Vietnam una o dos veces al año.

En conversaciones con Ángel también hablamos de la mística hinduista y de la *advaita*. Es una rama no dualista del hinduismo que afirma la unidad entre las almas y la divinidad. A través de esta práctica se busca la unión, fusionándonos con la parte divina de cada ser, sin permitir que los conflictos nos atrapen.

Afirman en esta corriente mística que el ser iluminado que ha alcanzado la advaita o no dualidad no se deja afectar por los sucesos y cosas de este mundo, sino que se desliza nadando entre ellos apaciblemente como hace el cisne, sin perder su ecuanimidad.

La advaita vedanta tiene gran afinidad con diversos movimientos en su aspecto más revelador. Se encuentran resonancias con el zen, el sufismo, el tantrismo, los místicos cristianos y algunos movimientos nacidos de ahí.

Ángel me contaba cómo su maestro visitó la India después de haber conocido y experimentado la advaita. Siguió las huellas de Sri Ramana Maharsi, un hombre santo que vivió esta cultura en profundidad, un ser iluminado y gran maestro de la humanidad que permaneció desde su despertar en el sur de la India, en el estado de Tamil Nadu, en una montaña que se considera sagrada y que se llama Arunachala.

Cuentan los biógrafos de Ramana Maharsi, que siendo muy joven un día se sentó a meditar y permaneció en la postura de loto, absorto en la divinidad para el resto de sus días, en un estado que en la India se le llama *samadhi* o meditación profunda. Aquí se dice que se apagan los sentidos o pasan a un segundo plano, y solo se vive desde la conciencia.

A partir de entonces, y huyendo de las multitudes, se retiró a una cueva en Arunachala. Eligió para ello la zona más alta de la montaña por ser de más difícil acceso y vivió muchos años solo. Más tarde lo descubrieron sus discípulos, que lo cuidaron hasta el día de su partida de este mundo, y fueron ellos quienes se encargaron de recapitular y transmitir sus enseñanzas.

Algunos años más tarde en la falda de la montaña, cerca de donde reposan sus restos físicos, sus seguidores vieron la necesidad de construir un *ashram* o centro de acogida, con el fin de recibir a los que llegaban buscando el rastro del maestro y aprender sus enseñanzas.

En la actualidad hay una afluencia continua de gente que llega desde muy lejos, tanto de Europa como de otros continentes y también de diferentes partes de la India. Todos buscan estar unos días de retiro en ese privilegiado lugar para sentir de cerca su presencia. Forma parte de la tradición para los peregrinos que llegan allí acudir de madrugada, antes de la salida del sol, al camino circular que da vueltas alrededor de la montaña y andar el mismo sendero que recorría Ramana Maharsi cada día.

Centrados en su meditación, la caminata se realiza tratando de vivirla desde lo más profundo del corazón, dejando de identificarse con la mente y el cuerpo para conseguir que se nos revele nuestra propia naturaleza.

A pesar de lo alejado que está el lugar de los centros más importantes de la India, y el enorme calor de la zona, el *ashram* está siempre lleno. Es necesario solicitar plaza con antelación. Mucha gente que no encuentra lugar se arriesga de todas formas y llega hasta allá, lo que ha provocado que el pueblo entero se transforme en alojamientos provisionales; algunos muy humildes y otros más cómodos, donde se va hospedando a todo el que quiere estar un tiempo a la sombra de Arunachal para conocer a Ramana Maharsi.

Su figura y presencia hablaban del despojamiento interior que él predicaba. Cubría su cuerpo con un simple taparrabos. Sus necesidades eran mínimas y solo tomaba té para hidratarse.

Lo que me contaba Ángel de la figura de Ramana Maharsi me cautivaba y soñé con algún día poder visitar ese lugar. Pero pasaron los años y no me fue posible. La India para mí estaba muy lejos y el viaje era demasiado largo y costoso. Sin embargo, siempre que alguien se iba allí, lo animaba a que fuera a Arunachala. No obstante, tuve la oportunidad de conocer la India años más tarde en los encuentros con Amma, en Barcelona.

Amritanandamayi, conocida como Amma, nació en la zona sur de la India, en Kerala. Era hija de una familia pobre de pescadores y durante su infancia sufrió muchas penurias, que la transformaron en el ser de luz que es hoy en día. Después de su despertar espiritual, quiso compartir con todos el amor que sentía. Desde entonces recorre el mundo ofreciendo sus abrazos. La persona que se acerca a ella se abandona en sus brazos de madre divina. Es un ser lleno de compasión que transmite una energía amorosa, sublime, y la gente hace largas colas para dejarse abrazar por ella.

Cada año venía a España, primero estuvo en Navarra y luego en Barcelona. Con ella era como si llegara la India, pues venía con sus seguidores y colaboradores; la mayoría eran hindúes, aunque también los había de otras nacionalidades. Ella permanecía tres días en el lugar de la reunión. El equipo que la acompañaba llegaba antes para preparar el encuentro y transformaban el lugar (con frecuencia era un polideportivo) en un templo hindú o *ashram*, así que durante esos días tenías la impresión de haber viajado a la India; se vestía, se comía y se rezaba como los hindús.

De esta forma pude respirar la India más de cerca, percibir sus olores y sabores. Siempre que podía me trasladaba a Barcelona a encontrarme con Amma, a dejarme abrazar por ella.

CAPÍTULO 9

ÁGAPE

Siempre volvía a mi tienda antes del anochecer, pues el camino era difícil, sobre todo de noche, cuando apenas se divisaba el sendero hasta mi ermita. El rato compartido me enriquecía, conocía un poco más de la experiencia de vida de los ermitaños. Todo era algo que seguía siendo nuevo y atractivo para mí, así que dejaba que lo vivido fuera resonando en mi interior, más que atarme a una disciplina concreta.

El silencio me habitaba cada vez más adentro. Percibía que era parecido a las mareas. Si las contemplas de cerca puedes ver cómo van subiendo con lentitud hasta que las olas lo abarcan todo. Así mi ser se dejaba llenar, borrando la huella de pasos antiguos y pisadas ajenas que aún quedaban en las playas de mi vida; y tal como ocurre en el ir y venir de las olas, el mar todo lo cubre primero y lo desnuda después.

Una tarde recibí la visita de Javier, el chileno, un personaje muy curioso y querido en la comunidad. Su búsqueda personal lo había llevado hasta nosotros. Era profesor de Filosofía de la Universidad de Santiago de Chile. También psicólogo y un hombre con una gran experiencia humana y espiritual. Se tomó un tiempo para viajar a Europa y conocer nuevas comunidades, y venía de visitar el Arca de Lanza del Vasto, en el sur de Francia.

Lanza del Vasto fue un discípulo de Gandhi que decidió crear una comunidad donde se diera:

El respeto de la vida y la diversidad ecológica.
La fraternidad y la solidaridad.
El trabajo interior.
La sencillez de vida.

Sus planteamientos los llevaban a estar muy centrados en la lucha no violenta. Vivían en el campo. La alimentación era vegetariana. Cultivaban la tierra y tejían manualmente toda la ropa que usaban. Tenían muy claro que era necesario autoabastecerse para no seguir la cadena de la sociedad de consumo, que solo consigue alienar al ser humano, haciéndolo cada día más dependiente y creando falsas necesidades que lo empobrecen.

Sus métodos de subsistencia eran naturales. Tenían rebaños de ovejas de los que aprovechaban tanto la leche como la lana con la que se vestían. Rechazaban todo lo que no es un proceso natural. No tenían electricidad y vivían de una forma bastante autónoma. Las ceremonias comunitarias eran de una gran belleza y sencillez, dirigidas en ocasiones por «shantidas», que es el nombre que le dio Gandhi a Lanza del Vasto.

Nos contaba Javier, con su humor irónico y socarrón, la anécdota de que cuando estuvo en esa comunidad a veces envidiaba a los burros. Ellos pastaban tranquilos en el campo mientras que nosotros cargábamos piedras y realizábamos todo tipo de trabajos pesados, destinados a la construcción de una nueva casa o a cubrir cualquier otra necesidad del colectivo. Cuando pasaba cerca de los animales con la carretilla, cansado y sudando por el esfuerzo, murmuraba en sus adentros: «¡Quién fuera burro!».

Javier era de estatura baja, pelo marrón, tenía barba y bigote y debido a su miopía llevaba unas gafas muy gordas, de las que llamamos coloquialmente de culo de botella. Estas le daban un aire de persona mayor, a pesar de que era de nuestra edad. Sabio e intelectual, tenía una risa muy contagiosa y la costumbre de frotarse la barba cuando se quedaba pensativo. Nos reíamos mucho con sus anécdotas. Recuerdo sus gestos con un gran cariño porque era entrañable.

Aquella tarde lo acompañaba Sergio, un joven que apareció un día entre nosotros buscando horizontes nuevos. Llegó a la comunidad casi por arte de magia. Alguien le había hablado de nosotros mientras estaba de viaje por Barcelona y lo llevaron a conocernos. Fue después de un tiempo que volvió y decidió quedarse. Contaba que comprendió que no había llegado allí por casualidad y que, en medio de una crisis vocacional, aquel lugar era justo lo que necesitaba para experimentar un tiempo de desierto que le permitiera reflexionar sobre su vida y plantearse nuevos retos. Sergio venía del sur, de Andalucía. Nos trajo toda la gracia y el carácter de esa tierra, lo que lo ayudó a encajar muy bien entre nosotros. Su aparición fue como un viento fresco para todos. Siempre sabía poner su nota de humor, hasta en los momentos más serios.

Había estado en primera línea como objetor de conciencia en su época de estudiante en Granada, muy metido en la lucha obrera y las comunidades de base, pasando incluso por la cárcel. Vivió algunos años en una parroquia de los pueblos pequeños que conforman la serranía de Ronda. Durante esa etapa se planteó acompañar y compartir con todos la rutina del pueblo. Ambicionaba ser uno más entre ellos y consiguió su objetivo. Lo llamaban lo mismo para trabajar en el campo que a una celebración de un bautizo, pasando por las matanzas de cerdos, que era un motivo de encuentro entre las familias más humildes de la zona. Cuando la situación se le puso negra, decidió viajar para desconectar y reflexionar. Llevaba un tiempo en la acogida y nos contaba con frecuencia que sentía como si alguien hubiera movido las piezas de la partida de ajedrez de su vida, conduciéndolo hasta nosotros. Consiguió tomar distancia y encontrar por primera vez momentos para sí mismo, descubrir el silencio que, junto con los valores de la vida monástica, significó para él un oasis en mitad del desierto. Recuerdo nuestro primer encuentro, casi una inocentada, que fue un veintiocho de diciembre. Nos encontramos en la cocina mientras recogía algunas provisiones que necesitaba. Alguien nos presentó y nos saludamos. Tanto él como Javier habían encajado muy bien en la comunidad y, aunque estaban de paso, se sentían en su propia casa.

Algún tiempo después, en aquella tarde especial, llegó también Ángel el ermitaño a disfrutar con nosotros la fiesta del encuentro. Los cuatro vivimos una celebración entrañable. Nos sentíamos hermanos, compañeros de camino que celebran la vida compartiendo el pan y el vino. Hubo lágrimas, cantos de alegría y una comunión profunda que nunca olvidaremos, a pesar de proceder de sitios tan diversos como Chile, Málaga, Cataluña y Canarias. Habíamos coincidido en ese tramo de nuestro camino. No tengo palabras que puedan describir los sentimientos que nos embargaron ese día en el bosque. Recuerdo una gran gratitud hacia la vida, porque a pesar de venir de sitios tan variados, nuestro peregrinaje por la tierra nos unió en aquel punto y en aquel momento en que aterrizamos todos en la comunidad del Reloj del Sol.

Vivencias inolvidables que, como eco, fueron transportadas por el viento hasta las cortezas de los árboles, donde sé que permanecen grabadas, de la misma forma que lo hacen sus edades, los incendios o las sequías. Creo con firmeza que los procesos de alta vibración también quedan impresos en los anillos de sus troncos. En mi corazón desde luego se registraron y los conservo como recuerdos imborrables que puedo seguir reviviendo con absoluta nitidez.

Además de estos encuentros, la soledad me regaló momentos profundos de contemplación en los que permanecía inmóvil, con todos mis sentidos sumidos en el silencio profundo, absorta en un gozo infinito. Era como tocar el amor con mis manos y me dejaba llevar, consciente de ser una leve hoja en las alas del viento, transportada a espacios infinitos lejos de todos los límites y barreras humanas, en un tiempo eterno y en un sitio físico que nunca pude controlar. Salir de ese estado me resultaba penoso, pues significaba volver al mundo de las percepciones, y era doloroso. Sentía que perdía mi esencia para camuflarme entre los humanos con un traje que no me correspondía y me aprisionaba el alma. Las leyes, normas, obediencias y reglas me resultaban mezquinas; cortaban mis alas y encorsetaban mi alma, que quería practicar el vuelo libre; lo vivía como si se tratase de un aterrizaje brusco, esos que ocurren a veces en los aviones en el momento de la llegada, y que cuando menos te lo esperas dan una sacudida que te sobresalta.

Escondida entre las telas de la tienda y mientras hacía iconos, en ocasiones veía pasar por el camino de enfrente a alguien de la comunidad. Esa mañana se trataba de Rosa, que me saludaba desde lejos. A ella le gustaba dar largos paseos por el bosque mientras cantaba a los cuatro vientos. Allí abajo nadie la oía y eso la relajaba mucho; solo los pájaros y yo escuchábamos sus trinos. Desde mi ubicación podía ver la expresión de gozo de su rostro con una amplia sonrisa; así como las trenzas negras de su larga melena, el tono de su piel aceitunado y su caminar inconfundible. Se la veía feliz recogiendo flores silvestres. Cuando se alejaba, hacía sonar la campana ubicada en la rama cercana a mi tienda para que yo supiera que ya se iba.

Esa campana a veces me sorprendió cuando sonaba sola. Me ponía en alerta hasta comprobar que no se trataba de ningún humano, posiblemente la haría sonar el viento o algún animalillo, aunque la verdad es que me gustaba pensar que se trataba de los duendes del bosque, que me recordaban que no estaba sola. Es bien cierto que siempre hay una multitud de seres en torno a nosotros. Son los elementales que nos acompañan y están por todos lados, sobre todo en los lugares más vírgenes de la naturaleza, como son un bosque, la montaña o un río, donde acampan con libertad.

La vida sigue cada día y no detiene su paso aunque nosotros nos detengamos. Las estaciones se suceden rápido y marcan el ritmo. En un santiamén llegó el verano; el cambio para mí era notable, hacía calor y los días eran más largos. En esa época algunos hermanos de la comunidad bajaban a refrescarse al riachuelo que estaba cercano a mi tienda. Yo no los veía, pero de lejos se oía su alborozo.

Mi vida en el bosque continuaba igual durante el verano, mi propio horario me marcaba un ritmo que solo se interrumpía los jueves por el encuentro lúdico comunitario. Ese día subía para encontrarme con todos en la Casa del Reloj del Sol. Era un día de convivencia y expansión en el que hacíamos una pequeña excursión con caminata por los alrededores. Salíamos por la mañana, comíamos juntos y volvíamos al atardecer. Un saco grande de papel marrón llevaba todas nuestras provisiones, que a menudo eran pan, aceite, tomate, queso y manzanas recogidas en el mercado del pueblo.

Esos paseos eran una válvula de escape para todos. Caminábamos durante horas alejándonos de la casa principal. Elegíamos siempre rutas por la naturaleza y las disfrutábamos mucho. Era curioso notar que, desde el momento en que abandonábamos la casa, el tono del grupo iba cambiando. De pronto todo eran risas y fiestas; nos sentíamos como niños cuando salen al recreo; cantábamos y hacíamos todo tipo de tonterías. Nos embargaba un sentimiento de libertad cual si levantáramos el vuelo como pajarillos, dejando detrás las responsabilidades y obligaciones del día a día.

Marchábamos sin prisas mientras charlábamos unos con otros. Cuando llegábamos al sitio programado estábamos cansados, pero al mismo tiempo llenos de energía, y tras un breve descanso nos disponíamos a comer. Sentados en círculo por el suelo devorábamos nuestro sencillo menú en un periquete.

A veces, antes de comer, si andábamos por algún río cercano, nos dábamos un chapuzón. A la mayoría nos hacía ilusión, en especial a quienes extrañábamos el mar. No importaba que el agua estuviera demasiado fría. Nos lanzábamos igual de felices y disfrutábamos de los juegos. Los más atrevidos se tiraban desde un peñasco a modo de trampolín; luego tocaba secarse para volver a iniciar el camino de regreso, y como cada día nos dirigíamos a la capilla a entonar los cantos y salmos que nos traían de nuevo a la rutina de la vida monástica.

El calor del verano hacía más confortable la vida en la tienda de campaña, permitiendo disfrutar del sol hasta bien entrada la tarde. Además, los paseos me llevaban a lugares más alejados para recoger moras o arándanos, con los que preparaba una deliciosa mermelada que compartía con los más cercanos. Durante la noche, la humedad no era tanta y la tienda amanecía seca, algo que mis huesos agradecían.

CAPÍTULO 10

LO INESPERADO

Ángel me comentó el deseo de hacer un día una caminata más larga, como una pequeña peregrinación. Se trataba de un sitio conocido por los dos. Me pareció bien y una mañana de ese verano, muy temprano, decidimos ponernos en camino.

El lugar estaba a unos diez kilómetros. Teníamos que atravesar el bosque para luego seguir por senderos con muchos árboles. Quedamos en encontrarnos en un sitio común del camino, desde donde iniciamos la marcha en silencio con el ritmo lento de una meditación, andando conscientes de cada paso, centrados en la oración del corazón.

Mientras andábamos, nuestros pies descalzos dejaban su huella en la tierra del camino. Con cada respiración pronunciábamos la frase que nos ayudaba a centrar nuestra mente y adentrarnos en lo profundo de los espacios del corazón. Apenas encontramos gente, lo que nos permitió seguir sin distracciones. De vez en cuando parábamos a descansar y tomar agua. Al fin, llegamos al destino propuesto y nos sentamos. En el lugar había más gente de visita y notamos que nos miraban como a bichos raros, lo cual no era de extrañar.

Ángel llevaba su traje naranja de monje hindú, estábamos descalzos y sucios del polvo del camino. Para nosotros era normal, porque apenas percibíamos lo que ocurría alrededor, pero resultaba evidente que era un encuentro poco frecuente para la gente que va de turismo. Sin duda, no estábamos en la India, donde esto es algo habitual y nadie se extraña.

El lugar en cuestión era un santuario románico que se conservaba muy bien, y al que acudía la gente con mucha devoción. Lo visitamos y luego nos retiramos a un lugar tranquilo para comer los frutos secos y dátiles que llevábamos en el morral, sin interrumpir el silencio. Después de un breve descanso emprendimos la vuelta. Nos esperaba un trayecto de tres horas con algunos tramos cuesta arriba, lo que me suponía un gran esfuerzo. No estaba acostumbrada a andar tanto. Mantuvimos el silencio durante todo el camino de regreso y solo al llegar hablamos de la experiencia. Para entonces la emoción nos embargaba; Ángel lloraba como un niño y yo lo escuchaba tratando de acoger su llanto. El camino duro y largo nos había transformado, y ahora estábamos más próximos a *El peregrino ruso* en toda su dimensión.

Tener un ermitaño con quien hablar alguna vez fue un gran apoyo en mi estancia en el bosque. A menudo tenía dudas y compartirlas me ayudaba, máxime cuando es alguien con años de experiencia en este camino. Yo escuchaba sus cuitas y lo ayudaba a ser más objetivo en algunos de sus planteamientos. A cambio, él me enseñaba todo lo que yo no sabía de la vida eremítica y ese rico intercambio me sirvió en los momentos en que lo necesité, pude sentirme de verdad en «mi lugar» al regresar a la tienda.

Durante la estancia en el bosque soñaba con tener algún día una ermita de verdad como la que había construido Ángel; sólida, hecha de cemento y bloques, al abrigo de cualquier temporal y protegido del frío y la humedad. Mi tienda de tela era solo un espacio provisional.

Otro gran regalo que pude disfrutar fue pasar unos días en la cueva donde vivió el ermitaño de Montserrat. Resultaba todo un privilegio no solo por lo entrañable del lugar, sino también porque yo pensaba que allí quedaba mucho de su energía, lo cual significaba acercarme a su camino.

La ermita estaba siempre muy solicitada. La custodiaban los monjes benedictinos de su comunidad, y pocas veces al año quedaba libre, así que fue una gran oportunidad el subir y conseguir permanecer en ella durante diez días. Santa Creu, que así se llamaba la ermita, está situada en un lugar escondido de la montaña, fuera de las rutas habituales de los senderistas. Se encuentra excavada en la roca, por lo que es una auténtica cueva. Se aprovechó una piedra saliente y debajo queda el socavón, del que solo se había cerrado la parte frontal, con una puerta y una amplia ventana. Así, toda la estancia permanece dentro de la roca.

¡Qué gozo experimenté al compartir ese espacio tan lleno de su presencia! Tanto, que en algunos momentos me pareció sentirlo caminando por el jardín dándole de comer a los pájaros, cortando leña para la estufa o recibiendo a la gente que llegaba a visitarlo. Es un lugar privilegiado lleno de paz y belleza.

Cada mañana me despertaban las campanas del monasterio que sonaban cercanas, porque la cueva se ubicaba mucho más alta y se oían muy bien. Tenía la sensación de que estaban al lado, me avisaban de las horas de los rezos o las actividades comunitarias, y su sonido se multiplicaba por el eco de las montañas. Pronto formaron parte de mi ritmo en ese lugar en el que parecía que se tocaba el cielo con la mano.

Vivir cada día aceptando el momento presente no fue fácil. Me sentí puesta a prueba varias veces. Una de ellas fue cuando, desde el instante en que llegué, vi que la cerradura de la puerta estaba estropeada, parecía que la habían forzado, lo que impedía poder cerrarla del todo. Esto me obligó a dormir tres días con la puerta casi abierta, sostenida con una silla vieja que encontré por los alrededores, así que la primera noche no pude dormir. La segunda descansé un poco más, hasta que la confianza le fue ganando la partida al miedo; la tercera jornada pude relajarme y dormir durante toda la noche. Ese día los monjes subieron y arreglaron la cerradura.

A primera hora de la mañana, me apresuraba a dejar la cama, que era una tabla que siempre había estado allí. La cubría con algunas mantas a modo de colchón y dormía bien. La cueva era cálida.

Me sentaba a meditar dentro, pues afuera hacía mucho frío y humedad. Encendía mi vela y adoptaba la postura de loto que todavía me costaba bastante conseguir, pero que me ayudaba a permanecer despierta. Al igual que el sol que en la mañana aparecía despacio borrando la oscuridad de la noche, el silencio surgía lentamente dando paso a la luz hasta que mi yo no existía.

Después de la meditación de la mañana me levantaba a preparar el desayuno, que tomaba en el patio junto al pozo. En un banco que estaba justo detrás, mientras comía, los pájaros se acercaban a coger las migajas de pan que caían. Me gustaba verlos saltarines e inquietos, vigilantes de todos mis movimientos. Me observaban tanto como yo a ellos, y juntos cantábamos las maravillas de sabernos alimentados y protegidos en aquella montaña.

Los senderistas que andaban por allí tomaban otros caminos. Solo los conocedores del lugar podían llegar hasta la ermita, ya que no resultaba fácil, aun conociendo el camino, pues estaba bien escondida.

Un día apareció alguien que se había extraviado. Al salir de la cueva me lo encontré andando por el patio y me llevé un susto de muerte. Me dijo que se había perdido y no sabía cómo regresar al camino de subida, así que después de recuperarme del sobresalto lo acompañé unos metros para indicarle y volví rápido a la cueva. No fue la única vez que vi gente. En otra ocasión aparecieron dos personas. Estas sí sabían el camino y venían a preguntar por el ermitaño, porque años atrás lo habían conocido y solían visitarlo cuando todavía vivía allí, es decir, antes de su partida. En ambos casos los despaché lo más rápido posible y volví a mi recogimiento.

Al anochecer el silencio y la calma me cautivaban, y con la puesta de sol me despedía del día. Los últimos rayos se extinguían en el horizonte; el cielo se oscurecía y tomaba posesión la noche. Asomaban pronto las estrellas, que parecían estar al alcance de mi mano. Las solía contemplar durante largo rato antes de recogerme; el frío y la humedad me obligaban a entrar.

Dentro, me alumbraba con la luz de una vela. Por supuesto que no había electricidad ni calefacción, pero el calor de la cueva al entrar era reconfortante. Al lado de la luz que no se apaga nunca, terminaba mi jornada con una gran sonrisa y un «gracias» que brotaba de lo más hondo de mi corazón.

Muy de mañana me gustaba hacer pequeñas caminatas por los senderos que rodean las montañas, siempre sin alejarme demasiado de la ermita, pues todo el rato que pasaba en ella me parecía poco, a sabiendas de que el tiempo iría muy rápido y pronto tendría que dejarla. Después de esos inolvidables días volví a mi bosque.

Al reencontrarme con mi casa de telas al viento me pareció más frágil y vulnerable que nunca; no sentía la solidez de la roca. Por contrapartida, disfrutaba a la vez de no tener paredes ni barreras que me separaran de mis amigos, los árboles.

El bosque entero se había teñido de ocres que parecían lenguas de fuego por todos los lugares. ¡Qué maravilla era contemplar tanta variedad de colores que iban desde verdes a rojos! La belleza sublime de la naturaleza sucediéndose en cada estación me cautivaba, y más aún en esos momentos en que mis sentidos estaban permeables y dispuestos a captar todo lo que me rodeaba. Esa perfecta armonía que conjugaba con las estaciones me hablaba, sin yo saberlo, del cambio y la adaptación a nuevos retos que me aguardaban.

El frío se hacía notar más a medida que avanzaban los días. Los árboles iban perdiendo sus ropajes; por las noches la escarcha empapaba el techo de la tienda, a la vez que también, poco a poco, esa humedad se colaba en mis huesos.

Javier, el ermitaño, me había llamado después de llegar de Montserrat y quedamos en vernos una tarde que no olvidaré.

Subí ilusionada a su ermita con enormes deseos de compartir la experiencia vivida en la cueva. Disfrutamos de una taza de té mientras hablábamos y reíamos con las anécdotas ocurridas en torno a mi retiro. Después tomó la palabra y me dijo que tenía un mensaje para mí de la comunidad: «Hemos decidido que dejes la tienda y te reúnas a vivir con todos para conocerte mejor, y ver si tu camino está entre nosotros».

Me quedé de piedra. Me impactó escucharle, era lo último que hubiera querido oír en aquellos momentos. Yo venía con la firme determinación de que se valorara la posibilidad de tener una ermita sólida y de verdad, dado que había pasado ya ese primer tiempo de prueba en la tienda de campaña.

Así finalizó ese encuentro con su espacio de silencio compartido como siempre, pero en ese rato me fue difícil estar presente. Miles de ideas cruzaban por mi mente, no paraba de darle vueltas a la nueva situación que se me planteaba. Al despedirnos contuve las lágrimas que luego fui derramando durante todo el camino de regreso.

Siempre supe que el tiempo en la tienda era provisional, si bien entonces no podía imaginar que estuviera tan cerca. Volver a convivir con todos y pasar todo el día rodeada de gente me resultaba ahora más difícil que nunca, una vez que me había acostumbrado a vivir sola en el bosque.

Los días siguientes estuve recapitulando. Me había fusionado con el silencio en la soledad de la ermita, donde conseguía recobrar mi identidad más pura. Ya lo había experimentado cuando viví en Taizé. Sabía que era complicado encontrar tiempo para la contemplación entre tanta responsabilidad comunitaria, y por eso me resultaba terrible la idea, me repetía una y otra vez: «Justo ahora». Así exclamaba para mí sola cuando andaba mientras esquivaba las piedras caídas. Lloré mucho hasta que lo acepté y comprendí que no cabía agarrarse a nada. El camino pasa por desprenderse y fluir con lo que nos trae. En ese momento se había dispuesto que tocaba abandonar mis planes; tenía que abrirme a otras posibilidades y así lo hice.

Todo ocurrió muy rápido. En pocos días recogimos la tienda y me instalé en mi nueva habitación dentro de la casa. Comprendí que hay una parte en lo más profundo de nuestro ser que siempre es solitaria y a la que los padres del desierto llaman «la ermita del corazón». Me agarré a esta idea con todas mis fuerzas, tratando de vivir el silencio en mi nueva situación desde ahí. La ermita de mi corazón estaba conmigo en cualquier lugar, por lo tanto, el espacio externo no sería tan determinante si así lo decidía.

Muy rápido me fui incorporando a las nuevas tareas, comprendiendo cada vez mejor que esta prueba era una más en el camino del desapego. Otras tantas personas lo vivieron antes que yo, entre ellas el ermitaño que estuvo veinticinco años esperando que le dieran permiso en la comunidad para trasladarse a la ermita.

En el día a día me adapté tal y como pude a la vida comunitaria, al principio como un tiempo de transición y siempre con la esperanza de que volvería algún día a la ermita.

El cuatro de octubre, día de San Francisco, Sergio y yo dimos el paso de aceptar formar parte de aquella comunidad monástica en una ceremonia simple durante la oración de la tarde. Era un proyecto comunitario hermoso, y quedaba plasmado así en su regla:

Principios comunitarios:

En la libertad de la no posesión y en el amor vivido sin medida aprendemos a no desear otra cosa que cumplir el plan que Dios nos tiene previsto a nivel personal y comunitario. Acogerlo generosamente a medida que se nos manifiesta a través de la propia interioridad, los acontecimientos y los hermanos; especialmente de aquellos a quienes se les ha confiado el servicio del discernimiento. Esto es un camino que es preciso comenzar cada día y por eso no queremos desanimarnos ante los continuos fallos e infidelidades. No se trata de contemplarnos como perfectos o imperfectos, sino más bien de vivir fijos en su amor, siendo compasivos y comprensivos con nosotros mismos y los demás.

Un compromiso para siempre no garantiza su cumplimiento en un futuro que no poseemos. Es preciso decir sí a su plan de amor, viviendo esta realidad presente a presente sentiremos nacer de las profundidades de nuestro ser la plena felicidad del que se sabe eterno, inmutable y libre en la libertad y la inmutabilidad de Dios.

Resonaba con estos principios y los acepté de corazón. La cercanía con los hermanos a veces me parecía un regalo y otras una tortura. Disfrutaba de escucharlos, de preparar la cena para todos y comer juntos en silencio. En otros momentos me sentía invadida, rodeada de gente a todas horas, y más aún en la intimidad de la meditación, donde me era complicado seguir la dinámica del rezo comunitario, acostumbrada como estaba hacerlo sola. Era lo que más me costaba, sin embargo, pronto conseguí suplirlo con las vigilias nocturnas de los sábados. Ese era un tiempo en el que me quedaba sola. Todos se iban a dormir y yo permanecía en la capilla hasta la madrugada, era lo que más deseaba y necesitaba. Entonces me sentía como si volviera a mis silencios del bosque porque me podía quedar sin miedo a ser perturbada por un horario.

En algunas ocasiones me encontré con alguien que también se quedaba hasta más tarde, disfrutando de la calma y del silencio de la noche. Recuerdo en especial la noche excepcional en que me encontré con Judith, una entrañable amiga de la comunidad. Ella venía con mucha frecuencia. Era parte de la gran familia con la que compartíamos celebraciones y encuentros. Acudía junto con Paco Grande, su compañero. Esa noche que nos quedamos las dos solas, surgió entre nosotras de pronto un canto. Parecía como si nos habitara una voz antigua; era una canción llana y sin palabras parecido al gregoriano, que sin ningún esfuerzo salía de nuestras gargantas y que nos llevó a un estado de éxtasis que no puedo describir.

Cuando más tarde analicé y reflexioné acerca del tema, comprendí que el tiempo en comunidad fue un período de gracia. Me ocurrió que en breves instantes me sentía viviendo una intensidad y profundidad en la meditación que antes no había experimentado. Pienso que era como una compensación por el esfuerzo de integrarme en el grupo. Por otro lado, la frescura y alegría de los hermanos era muy linda y diversa; todos buscaban nuevas formas para vivir lo que sentían, y con gran creatividad se hacían ceremonias muy originales.

Una de esas ceremonias tuvo lugar una noche en el jardín. La luna estaba llena y mostraba una nitidez espectacular mientras danzábamos. Su luz nos envolvía como si estuviéramos en pleno día. La propuesta de quienes lo prepararon fue ir más allá de las palabras, integrando el cuerpo a través del movimiento como forma de expresión de lo que sentíamos. El resultado fue algo extraordinario. Conseguimos unificar nuestro ser a través de los movimientos del cuerpo, en una danza comunitaria formando un solo corazón. Esta experiencia fue nueva para todos, nos reveló una magia especial que nunca se había dado. La belleza y plasticidad que se produjo nos deslumbró, y podría decir que fue como un poema que habitó el aire. Sentíamos desarrollar nuestra creatividad colectiva, incluso mostrando nuevas formas de expresión más allá de las palabras.

CAPÍTULO 11

RESPLANDOR EN LA NOCHE

El intenso ritmo comunitario se compensaba con un día en el que dejabas todo y te alejabas de la comunidad, para ir a la única ermita disponible. Desde la tarde noche de ese día hasta el día siguiente al atardecer. Volvía con las pilas cargadas. Sentirme ermitaña por un día suponía un verdadero balón de oxígeno. Dormía feliz entre las cuatro paredes de la ermita y hasta tenía tiempo de bajar al bosque, al sitio donde estuvo plantada la tienda de campaña que fue mi casa en aquella temporada, así como de pasear y saludar a los moradores del bosque. Resultó ser el mejor día de la semana.

Recuerdo que en una ocasión que me encontraba en la ermita, sentí un frío muy intenso y me apresuré a entrar leña cargando bien la estufa antes de retirarme. El cielo estaba nítido como pocas veces lo había visto y lucían hermosas las estrellas. Me fui a dormir pronto, estaba muy cansada de toda la semana. A medianoche desperté y miré por el ventanal, había percibido un extraño resplandor. Entonces me sorprendió el espectáculo. Un manto blanco lo cubría todo. Los árboles se habían convertido en presencias luminosas en medio de la noche, el sendero que llegaba hasta la casita se había borrado, todo estaba cubierto de blanco. Entendí que nevaba. Quedé extasiada contemplando la caída de los copos de nieve, lo hacían cada vez con más intensidad y a medida que descendían flotaban en el aire como en una danza. Era la primera vez que veía nevar, y observé aquel espectáculo insólito para mí a través de los cristales durante largo rato, sin pestañear, hasta que no pude resistirme más. Entonces me envolví en varias mantas y salí a disfrutar en directo de aquella aventura. De tomar la nieve entre mis manos estas acabaron congeladas, así que de regreso al interior de la ermita me acerqué al fuego hasta que conseguí descongelarme, sin dejar de mirar por la ventana el bello espectáculo.

Al día siguiente el camino de vuelta a la comunidad lo hice con mucha dificultad. Los pies se hundían en la nieve hasta las rodillas. Corté una rama para poder sostenerme. La Perla me olió y vino a mi encuentro. Solo le veía la cabeza y a cada rato ladraba porque estaba hundida en la nieve y necesitaba que la rescatara del hoyo donde había caído. Después de muchas peripecias, al final llegamos sanas y salvas, con tremendo frío y casi tiritando. Comenzaban entonces a sonar los cantos de las vísperas y la sala estaba bien calentita; habían puesto la estufa al máximo y poco a poco mi cuerpo consiguió desentumecerse y calentarse.

Los cantos tenían ese poder envolvente de permitirte entrar en un estado de concentración, como ocurría en Taizé.

Juan Carlos era quien se ocupaba de ensayarlos. Lo hacía muy bien. Lo recuerdo con ese gesto suyo moviendo la mano al compás como todo un maestro de coro, y nosotros atentos seguíamos sus instrucciones.

Él también había llegado un día buscando un lugar diferente siguiendo el dictamen de su corazón, y se quedó. Era un enamorado de la vida monástica, como muchos de nosotros, y después del tiempo de prueba pasó a formar parte del grupo, ocupándose de los cantos y la imprenta.

A nuestra comunidad llegaba gente de muchos lugares porque estábamos bien cerca de las puertas de Europa. La situación geográfica privilegiada que tiene Cataluña lo propiciaba. Algunos que estaban de paso oían hablar de nosotros y se acercaban. En ocasiones les resultaba curioso, ya que a simple vista parecíamos una pandilla de locos. Algo similar le ocurrió a San Francisco de Asís en sus comienzos.

Éramos jóvenes. Radiantes, llenos de ilusión y alegría, llegamos hasta ese lugar atraídos por algo diferente que desafiara los moldes de una sociedad capitalista y consumista, y que nos acercara a la naturaleza. Nos apetecía el encuentro con la madre tierra, mirar hacia adentro y vivir en armonía con el medio. Los primeros que llegaron se fueron encontrando con aquellos dos monjes solitarios en una ermita. Ellos en su día también habían sido monjes y dejaron el monasterio por la búsqueda más sencilla y con menos seguridades. Decidieron permanecer en la soledad de la ermita, dedicados exclusivamente a vivir en el silencio que calma los ruidos, apacigua las pasiones, sana las heridas y permite que la luz emerja desde las profundidades del ser. Habían sido testigos directos años atrás de cómo aquel monje mayor se descalzó y salió de la seguridad del convento para irse a una cueva sin agua, ni luz, ni calefacción, ni coros, ni rezos comunitarios. Su único objetivo era dejarse prender del fuego divino oculto al mundo y a sus rivalidades. Tuvieron un buen maestro.

Fueron los primeros, y más tarde les siguieron otros, dando lugar a la comunidad. Hasta nosotros llegaba gente muy diversa e interesante. La puerta permanecía abierta y la luz encendida. Tuvimos la visita de un grupo de monjes budistas dispuestos a recorrer el mundo como mensajeros de la paz, a raíz de su expulsión del Tíbet. Esos acontecimientos vividos en pleno siglo veinte cuando los monjes fueron invadidos, perseguidos y expulsados de sus monasterios después de tanto tiempo habitando ese lugar fue algo terrible. Parece mentira que puedan ocurrir estos hechos en nuestros días, después de tantas guerras y genocidios que ha vivido la humanidad.

«Los monjes tibetanos de la paz» que nos visitaron nos explicaron que decidieron recorrer el mundo como mensajeros de la amistad, la armonía y el acuerdo, creando consciencia para evitar que ocurriese de nuevo una tragedia como la que les tocó vivir a ellos. Estaban convencidos de que solo una cultura pacífica ayudaría a la humanidad a entendernos y respetarnos.

Nos reunimos ese día en la entrada de la casa por ser un lugar amplio donde había sitio para todos. Los monjes, con sus túnicas moradas y azafrán, clavaron su monolito en la tierra y cantaron largo rato mantras y rezos. Nos unimos todos a ese deseo de paz mundial que ellos venían a recordarnos y que era muy evidente para nosotros. En el grupo varios hermanos habían sido objetores de conciencia, seguidores de Gandhi y la lucha no violenta. Algunos incluso estuvieron encarcelados. Todos llevábamos la bandera de la paz en nuestro corazón, junto con el abrazo que dábamos a cada uno de los visitantes más allá de las diferencias étnicas de raza o religión. Éramos conscientes de querer luchar por un mundo en el que ninguna bandera o devoción nos llevara a la guerra.

En la vida juntos desterrábamos de entre nosotros cualquier rivalidad que nos separara o enfrentara. El objetivo era sentirnos hermanos creyentes de una misma religión que respeta las particularidades de cada pueblo, ya sea un chamán, un budista, o un sufí.

Al finalizar la ceremonia compartimos una comida fraternal. Por la tarde continuó la celebración en nuestra sala de meditación o capilla, intercambiando los símbolos que para cada grupo eran importantes. Era una gran riqueza compartir con todos los que llegaban, pues disfrutábamos de momentos de intercambio muy especiales.

Una Navidad nos visitó un premio Nobel. Se trataba de Adolfo Pérez Esquivel. Recién había recogido su galardón y alguien lo llevó hasta nosotros. Era de Argentina y un gran defensor de los derechos humanos y la democracia en su país, así como en toda América Latina, motivo de la concesión del Nobel de la Paz. Líder en los movimientos no violentos, creó el periódico *Paz y Justicia* para difundir esta filosofía. Fue coordinador general del Servicio Paz y Justicia, que trabajaba por lograr la liberación de los oprimidos desde la lucha no violenta. Lo integraban diferentes grupos de laicos y religiosos, así como campesinos, indígenas y gente de sectores populares. Luchaban juntos por la situación de sus países, que en la mayoría de los casos estaban gobernados por dictaduras militares que hacían estragos entre la población. Su compromiso y denuncia lo llevó varias veces a ser encarcelado y torturado, y según contaba estaba vivo de milagro.

Fue un lujo tenerlo con nosotros esa Navidad. Nos acercó a realidades de las que poco sabíamos y que solo oíamos con versiones muy parciales. Nos sentimos identificados con su vida y su lucha, que era también la nuestra. Habló sobre Las Madres de la Plaza de Mayo, movimiento creado por familiares de desaparecidos por razones políticas, al que se le unieron pobres y excluidos en general, incluso de sus tierras, como sucedía con los indígenas. El encuentro con Adolfo Pérez Esquivel fue un sorprendente regalo. A través de su testimonio valoramos de cerca la lucha en favor de los pobres y desheredados de Latinoamérica y del mundo. No en vano era merecedor del premio obtenido.

En los días posteriores a la Navidad subí a los Pirineos a visitar una pequeña casa que los hermanos habían restaurado. El sitio era un trocito de cielo en la tierra, un *mayantigo*, como se diría en lengua guanche. Era un albergue de montaña ubicado en un sitio perdido del Pirineo español. El pueblo estaba casi deshabitado. Sumido en el silencio, se escuchaba apenas el cencerro de las vacas y el rumor del viento cuando soplaba con fuerza. La mayoría de las casas estaban vacías. En los meses de invierno no se veía a nadie por las calles, las pocas familias que lo habitaban permanecían al calor del fuego. Los inviernos eran duros y solía ocurrir que el poblado se quedara incomunicado a causa de la nieve, en ocasiones hasta una semana.

El trayecto hasta ese lugar era largo. Había que tomar un tren hasta Puigcerdà y coger más tarde el autobús, para luego subir el resto del trayecto andando. Resultaba más fácil cuando veníamos en coche desde la casa, en esas ocasiones aprovechábamos para llevarles cosas que necesitaban. La casita era confortable, estaba recubierta en el interior de madera de pino y a la entrada había un cartel con la célebre frase: «Mi casa es tu casa si es que hay casa de alguien».

La entrada era un pequeño porche comunicado con la cocina donde el fuego siempre estaba encendido gracias a la económica, que así se llamaba a una antigua cocina de leña que también servía como estufa calentando el ambiente.

La vida de la casa transcurría al abrigo de esa zona donde se encontraba la cocina-estufa. Era un lugar amplio donde comíamos, nos reuníamos y recibíamos a los visitantes. En el centro una gran mesa redonda confeccionada por los manitas de la comunidad. Enfrente, una ventana nos comunicaba visualmente con el pueblo. A través de ella se veían las viviendas cubiertas con tejados de pizarra negra que lucían hermosas chimeneas, algunas humeantes. Desde allí se disfrutaba de una bonita panorámica del lugar, en especial cuando nevaba.

Los hermanos que la habitaban estaban felices de aquel retiro de montaña. Los demás íbamos pasando un tiempo corto para disfrutar y desconectar de la vida comunitaria tan intensa que se vivía en la Casa del Reloj del Sol. Por las tardes salíamos a pasear entre balas de trigo de los campos recién segados en verano y nevados en invierno. Durante el paseo era hermoso el compartir. El camino perfumado de tomillo y romero silvestre conducía hasta la montaña, a donde llevaban a pastar a las vacas en verano. Nosotros hacíamos trayectos cortos sin alejarnos demasiado de la casa, y así regresar a tiempo a la hora de los rezos y la cena.

Había una pequeña capilla que conservaba restos del antiguo establo. Tenían un pesebre donde comían las vacas que estaba hecho de madera rústica y había ennegrecido por el paso del tiempo. Fue una buena idea conservarlo, ocupaba la pared lateral izquierda. El suelo, que antes fue de piedra, estaba recubierto de madera para hacerlo más confortable y caliente. No había sillas. Solo bancos de meditación que cada uno se colocaba detrás de las rodillas, pues el espacio era pequeño, aunque suficiente para los que vivían en la casa y algún visitante. Lo normal es que fuéramos cuatro o cinco personas, un número bastante reducido en relación con el grupo total de la comunidad, donde a veces podíamos ser de treinta a cuarenta en la sala. Estaba casi en penumbra y poseía la vibración de los lugares poco habitados de montaña, en los que parece que nada se interpone entre el cielo y la tierra.

«Senyor, jo os invoco escolteu el meu cant senyor». Así sonaba la oración de la tarde. Cantábamos este salmo en catalán, al cual le seguían largos ratos de silencio. Al final se entonaba un canon.

Disfruté de unos días de verdadera calma durante mi estancia en ese lindo paraje de los Pirineos. Las cosas allí eran simples y fáciles de gestionar, por ser tan pocos los que convivíamos.

Estuve una semana. Se me pasó muy rápido y al llegar el sábado, en la sobremesa, se nos ocurrió la idea de hacer una visita a Taizé, aprovechando que estábamos relativamente cerca y que podríamos ir y volver en el mismo día. Cuando lo hablamos, solo a algunos nos entusiasmó la idea. El resto no lo veían claro, así que al final decidimos ponerlo en práctica tres de los cinco que estábamos en ese momento: Marta, Manuel y yo.

A la mañana siguiente salimos de la casa sin llevar nada para el camino, ni alforja, ni zurrón, ni bastón. La apuesta era comprobar que sería posible salir con lo puesto, apoyándonos en nuestra confianza.

Nos pusimos en camino después del desayuno. Bajamos la cuesta hasta el camino principal, donde nos encontramos con Ventura, un vecino y amigo del pueblo que detuvo el coche y sin pedírselo nos llevó hasta la estación.

Una vez allí y transcurridos unos minutos de espera apareció el primer tren, al que subimos sin titubear, acomodándonos en los asientos que encontramos libres. No tuvimos problema. Cambiamos de trayecto en dos estaciones, pues no había ninguno que llegara directo a Lyon, que era nuestro primer destino. A continuación, tomamos el último tren de ese trayecto, que era el más corto hasta Cluny. Desde allí estábamos muy cerca y podíamos seguir a pie o intentar llegar en autostop. Con la buena estrella que sentíamos tener, probamos suerte y nos cogieron enseguida, llegando a Taizé antes incluso de lo previsto.

Nos sentíamos eufóricos. La travesía había ido sobre ruedas; en ningún trayecto apareció el revisor, por lo que nadie nos pidió billete. Subimos la colina andando desde la carretera y entramos a la iglesia románica del pueblo.

Estábamos radiantes y felices; yo emocionada, como me ocurría cada vez que llegaba a Taizé.

La iglesia del pueblo es pequeña y entrañable, una verdadera joya del románico que fue centro de la comunidad en los primeros años, cuando los hermanos eran apenas un pequeño grupo. Austera y acogedora, su sobriedad impactaba. Permanecimos sentados en ella hasta que comenzaron a sonar las campanas en el prado. Habíamos conseguido, como planeamos, llegar a la hora prevista en que se celebraba la eucaristía. Nuestra entrada fue triunfal. Nos recibieron con los brazos abiertos y como a los pajarillos del campo nos alimentaron.

Más tarde pude contarle la aventura a la madre Tarsicio, una santa mujer priora de San Andrés que vivía en Taizé desde hacía años y colaboraba con la comunidad en todo lo relacionado con los jóvenes. Ella, con mucho interés y asombro, escuchó con atención el relato de nuestra aventura y nos ofreció llevarnos en coche a Lyon por la tarde, dado que volvíamos el mismo día. Aceptamos y después de comer nos llevaron a la estación y nos ofrecieron una bolsa con alimentos para el viaje de vuelta. Fieles a nuestra consigna de no llevar nada para el camino, se la entregamos al primer mendigo que encontramos al entrar a la estación de Lyon.

No imaginábamos que a la vuelta nos esperaban algunas sorpresas que, sin duda, formaban parte de la aventura que habíamos emprendido. Habíamos leído muchas veces la cita evangélica que dice: «Mirad las aves del cielo, que no siembran ni cosechan, mas el padre del cielo las alimenta». Queríamos probarnos en la confianza de que era posible, lo cual supuso todo un reto en las siguientes horas.

Llegó el tren previsto. Nos acomodamos en los asientos libres como habíamos hecho a la ida. Cuando llevábamos unas dos horas de trayecto y comenzábamos a dar algunas cabezadas, empezando a notar el cansancio, de pronto, cuando menos lo esperábamos, apareció el revisor pidiéndonos los billetes. Nos quedamos de piedra. Sabíamos que no había excusa; nos ahorramos explicaciones y le informamos de que no los llevábamos. El hombre procedió a lo que suelen hacer en estos casos: primero nos amonestó, luego nos pidió los datos de identidad y nos obligó a bajar en la siguiente estación. Descendimos del tren pacíficamente.

Cuando el tren se alejó, nos dimos cuenta de que estábamos en mitad de la nada, en un lugar en el que no existía ni estación. Era cerca de la medianoche y estaba todo muy oscuro. Apenas había una débil luz en un poste cercano, no teníamos ni idea de por dónde seguir. Sin duda, comprendimos que la vuelta no iba a ser tan fácil como la ida y que tendríamos que superar algunas pruebas.

En ese lugar de la nada hacía bastante frío. Se notaba la humedad de la noche y faltaba mucho para llegar a casa. Acordamos que la única alternativa que teníamos era hacer autostop, así que caminamos en la penumbra hasta encontrar una carretera, dejando detrás la línea del tren. No recuerdo cuánto tiempo estuvimos allí. Sé que se nos hizo largo y nadie nos paraba. Fueron momentos duros, que pusieron a prueba nuestra resistencia debido al frío y el hambre, que ya empezaba a hacernos mella. Cuando nos encontrábamos más desesperados se detuvo un hombre en un coche negro y subimos sin dudar.

Al fin estábamos cobijados y empezamos a entrar en calor. Saludamos al conductor y le comunicamos que nos dirigíamos al Pirineo español. Dijo que también iba en esa ruta y que no tenía inconveniente en llevarnos. Entablamos conversación muy pronto. Le contamos nuestra experiencia, gentilmente nos invitó a cenar en un hotel cercano y accedimos.

Parecía una buena persona, pero durante la comida comenzó a hablar sin parar, contándonos toda su vida, que parecía digna de una película de Buñuel. Lo escuchábamos con atención y casi embelesados al tiempo que observamos que mientras cenábamos bebía mucho vino. Comprendimos que a pesar de la promesa de llevarnos, no sería posible en aquellas circunstancias. Al terminar la cena, él mismo propuso dormir en el hotel y salir por la mañana temprano de viaje. Primero dudamos, pues todo parecía un poco extraño. Luego valoramos la situación, dándonos cuenta de que no estábamos en condiciones de elegir; era nuestra oportunidad de volver a casa al día siguiente y no podíamos perderla.

Por la mañana salimos rumbo a los Pirineos y Diego, que así se llamaba el conductor, durante el trayecto en coche no paraba de hablar, igual que la noche anterior. Continuó contándonos historias, a cuál más inverosímil. Asentíamos con la cabeza, dado que resultaba imposible dialogar con él. Su monólogo era cada vez más fantasioso, como si se tratara de historias salidas de una novela de Julio Verne. Captamos que hablaba con gran ansiedad. Era imposible seguirle y terminamos desconectando de tanta locura, a la vez que rezábamos para llegar sanos y salvos.

Después de algunas horas en carretera llegamos al lugar más cercano del pueblo. Le pedimos que nos dejara allí, porque queríamos ir andando y terminar así nuestro peregrinaje. Resultó imposible; Diego no se detuvo y siguió conduciendo, argumentando que quería dejarnos en la puerta. Le explicamos que los coches no llegaban hasta la casa, pero era inútil. Él no escuchaba y continuó camino arriba hasta el último punto a donde se podía llegar. En el silencioso valle resonó el ruido del coche y los hermanos salieron enseguida a nuestro encuentro. Estaban preocupados; habíamos tardado más de lo previsto.

Después de las presentaciones decidimos tomar un té juntos. Nos sentamos en el comedor, donde Diego comenzó de nuevo a hablar sin parar. Pasado un tiempo prudencial comenzamos a despedirnos, pero él no quería irse. Nos llenamos de paciencia y seguimos escuchando su discurso hasta que al fin lo invitamos a meditar. Fue entonces cuando decidió marcharse. Mientras lo hacía anunció que volvería pronto, que el lugar era precioso y nosotros una maravilla. Aseguró que la semana próxima vendría a vernos y traernos comida. Nos echamos a temblar.

Nuestra pequeña aventura concluyó al compartirla con los hermanos. Estábamos emocionados y les contamos los detalles de lo vivido en ese día y medio de duración de la experiencia.

Ellos, después de escucharnos con atención, nos comunicaron que informaron a los responsables de la comunidad, a quienes les pareció una locura la aventura y que seguro que nos llamarían a capítulo. Nos sorprendió mucho que lo hicieran.

Para nosotros fue importante sentirnos libres y tomar la decisión de seguir nuestra intuición, mas la comunidad dificulta que se hagan cosas de este estilo. Hay que seguir el trámite de pedir permiso, esperar la aprobación, y si llega a tiempo entonces puedes hacer lo planeado. Ingenuamente creíamos que nuestra comunidad era más flexible y no lo vimos necesario. Al fin y al cabo, no era más que un fin de semana en el que no teníamos ninguna responsabilidad comunitaria. Se trataba de estar fuera solo un día. Por otro lado, éramos jóvenes y nos sentíamos libres, algo que resultaba una insensatez para los mayores y la estructura del grupo. La euforia que traíamos por compartir lo que para nosotros fue un peregrinaje muy auténtico se vio frenada por la actitud comunitaria. Finalizado el tiempo de mi estancia en los Pirineos, bajé de nuevo a la Comunidad del Reloj del Sol, retomando el ritmo diario.

El encuentro con las hermanas y hermanos era hermoso. Cada uno de ellos me parecía un cuadro maravilloso que alguien había pintado con los mejores colores y los más bellos detalles.

El día que me tocaba la ermita, lo esperaba siempre como una bendición que me devolvía al corazón del bosque. Daba paseos y me gustaba bajar hasta el lugar donde había estado plantada mi tienda. Hablaba con los árboles y contestaba a los pájaros, que parecían reconocerme.

CAPÍTULO 12

FATIGA CRÓNICA. LA REVELACIÓN

La vida comunitaria seguía su propia rutina y yo estaba inmersa en ella.

Una mañana me llamó Javier para comunicarme que me daban un tiempo de vacaciones, y podría ir a visitar a mi familia. La idea me pareció genial a la vez que me sorprendió. Habían programado un viaje en coche hasta Andalucía por motivos de la comunidad. Eso me facilitaba la mitad del camino, y luego, ya en Málaga, tomaría el avión hacia Canarias.

Comencé a ilusionarme con la idea del viaje, a pesar de que para entonces me estaban faltando las fuerzas. Había pasado varias semanas en cama con una especie de resfriado que no conseguía superar. Me encontraba con febrícula y un mal estado general, acompañado de cansancio, que me impedía hacer vida normal. En principio lo quise atribuir al tiempo pasado en el bosque; suponía que la humedad tan intensa que soportaba, especialmente durante las madrugadas, en la tienda de campaña podría ser la causa. Pero en realidad no sabía qué me ocurría con certeza. Me faltaban las fuerzas, y cada vez sentía más como si me abandonara la energía vital, apoderándose de mi cuerpo una debilidad extrema.

Mientras esperaba la salida de vacaciones propuesta, en una de esas noches de insomnio me visitó el duende de la poesía, que sin duda «deambulaba muy presente» en la casa. Allí fue donde Màrius Torres, muchos años antes, había escrito algunos de sus poemas.

Noche oscura, deshabitada.
Pensamiento errante,
que me despiertas
en la madrugada,
te acercas a mi cama,
mostrándome las sombras
y luego, callas.
A lo lejos la noche
estrellada, me contempla,
la inseguridad de quien
se siente frágil, anonadada,
derramando la vida
en un suspiro,
que se ahoga
contra la almohada.
Añoro
el consuelo,
de tu dulce mirada,
que me devuelva a la vida,
a la alegría de sentirme amada.

Estos eran mis sentires la noche anterior a la partida. Salimos temprano en el coche de Luis hasta la primera parada en Almería. Nos quedaríamos varios días con él en el poblado de San Francisco a conocer y compartir con los jóvenes de esa comunidad.

Al encontrarme con ellos quedé cautivada por la alegría que irrumpía en el ambiente. Tuvimos veladas con guitarra y cantes, donde quedaba patente el temperamento andaluz. Esto fue sanador para mí, pues echaba de menos esa alegría que tiene la gente del sur y que casi había olvidado.

***

La carretera de serpentina que rodeaba la Alpujarra para llegar al fin a la serranía de Ronda resultó agotadora. Se adentraron en los pueblos blancos, donde vivían Marta y Elena. Ellas eran dos hermanas que habían elegido dejar las comodidades de la comunidad y se hallaban ante una novedosa experiencia, viviendo con el pueblo pobre y analfabeto de la zona, donde se habían integrado muy bien, siendo conocidas por la gente sencilla del poblado, que las quería mucho.

La llegada a Málaga también estuvo llena de encuentros interesantes para Adriana. Fue allí donde vio el mar de nuevo, al que tanto echaba de menos en la Casa del Reloj del Sol. Ahora pudo acercarse a la orilla, dejar que las olas bañaran sus pies desnudos y dolientes, sintiendo la caricia del agua, oliendo y tocando el mar.

El rumor del mar le hacía sentir que estaba muy cerca de casa y permaneció largo rato sentada en la arena, evocando recuerdos que venían envueltos de espuma y salitre y que estaban incrustados en su piel.

Comenzaba ahora la última etapa del viaje. Se dirigió sola al aeropuerto y cogió el avión rumbo a Canarias. Gozaba de lograr transformar el vocablo de «mi tierra» por todas las tierras en las que había vivido y crecido tanto física como espiritualmente. Su corazón era ahora universal, pero este rincón del mundo seguía siendo muy particular para ella.

A la llegada, mientras caminaba al punto de recogida del equipaje, visualizó a su madre a lo lejos, detrás de los cristales de la salita donde esperaban los familiares. Ella siempre estaba ahí en el ir y venir de sus viajes. Mientras se acercaba, y a pocos pasos de distancia, reconoció sus lindos ojos azules y su sonrisa. La madre extendió sus brazos para recibirla a la vez que Adriana corrió a su encuentro, y allí se fundieron en un abrazo interminable. La alegría de sentir los latidos del corazón de su madre mientras la abrazaba le hacía sentir que había llegado a casa; el lugar de donde partió un día para recorrer tantos lugares y caminos.

Cargó su gastada mochila y se dirigieron al aparcamiento. La madre conducía un viejo seiscientos de color azul que en su día ella le regaló, cuando lo dejó todo para irse a vivir a Francia. Ese era el coche que tantas veces la había llevado y traído al hospital cuando trabajaba como enfermera.

El padre y sus hermanas la esperaban en casa y se abrazaron juntos, todos la habían extrañado y sentían que estaba demasiado lejos.

—¡Tres mil kilómetros de distancia y mucho mar por el medio! —decía su padre.

Palabras que también acuñó la madre, reflexionando en voz alta.

—La lejanía que nos da el mar aísla y aumenta las distancias. Es bien diferente a cuando se vive en un continente, que puedes coger el coche y hacer kilómetros para ir a verte.

Se sentaron a la mesa. Mientras comían, Adriana relataba las impresiones del viaje:

—Las tres horas y media se me hicieron eternas. Miraba con insistencia por la ventanilla intentando divisar la silueta de las islas, pero antes había que atravesar todo el continente, cruzar por el estrecho de Gibraltar para dirigirse al fin a

Canarias. La grandeza de este mar, nuestro océano Atlántico, me parecía no terminar nunca, y el azul intenso que veía me hacía sentir que estaba atrapada entre el mar y el cielo, hasta que al final aparecieron las islas.

Pasaron los primeros días y Adriana estaba feliz del reencuentro con la familia y amigos. La isla, el sol y la playa le ayudaron a recuperarse físicamente. Tal como decía la abuela: «Los baños de mar resucitaban a un muerto». Experimentó una ligera mejoría, aunque seguía sintiéndose intensamente fatigada, lo que la hacía sentirse derrotada e impedía que recuperara su ritmo habitual. Decidió entonces ir a la isla de enfrente para consultar a un viejo amigo.

Ignacio, después de escucharla con atención, le propuso varias terapias, y sobre todo alargar su tiempo de estancia en Las Palmas, pues en dos semanas no era posible que se recuperara. Adriana también consultó a algunos médicos, antiguos compañeros, que tras estudiarla decidieron hacerle una biopsia de los ganglios del cuello. Detectaron que los tenía muy inflamados, consideraron necesario descartar la enfermedad de Hodgkin. Le informaron de que tendría que acudir al hospital en los próximos días con vistas a la programación de la intervención, que se hacía en el quirófano. Había de esperar la cita.

Adriana se quedó titubeante; no sabía qué hacer. Tenía que regresar en el tiempo previsto a la comunidad; si bien, por otro lado, el proceso para resolver su problema de salud le parecía importante. Se sintió dividida y tomar una decisión le costó varias noches sin dormir. Consultó el tema de nuevo con su amigo Ignacio, y juntos decidieron que la salud era lo prioritario en esos momentos. Adriana entonces decidió comunicarlo a la comunidad, esperando que ellos también lo comprendieran.

Lejos del grupo y centrada en su propia sanación comenzó la terapia. Visitó a profesionales de medicinas alternativas y siguió los tratamientos indicados. El resultado de la biopsia fue negativo y se centró más en su malestar emocional. Al ponerse a sacar capas de cebolla de su vida, advirtió que en lo más profundo, y a nivel inconsciente, existía un sentimiento hacia un compañero que ella no se había dado permiso para admitir. Le sorprendió, y necesitó varias sesiones hasta que lo pudo aceptar de una manera consciente.

Durante ese proceso que osciló entre aceptarlo y negarlo pasaron varias semanas, hasta que una tarde que paseaba sola junto al mar, y mientras cantaba una de sus canciones favoritas, le afloraron las lágrimas, limpiando y desvelando sus verdaderos sentimientos. Fue solo entonces que se rindió a la evidencia. Había recibido la visita del amor y debía comunicárselo a la persona interesada.

Con gran decisión se sentó frente al papel y se puso manos a la obra. Escribió y escribió un gran número de cartas, pero todas fueron a parar a la papelera. Al final consiguió terminar de redactar una y no quiso releerla para no arrepentirse. La introdujo en el sobre y fue rápido a depositarla en Correos.

Ella calculaba semanas para que la carta llegase a su destino, y la respuesta aún más. Durante ese tiempo muchas cosas le pasaron por la cabeza. Por momentos estaba nerviosa y se arrepentía de haberla enviado; en otras ocasiones prevalecía un sentimiento de querer ser fiel a sí misma, así como de no esperar nada de la respuesta, ya que era consciente de que la situación era delicada.

La inquietud y esa sensación de intriga que vivía llegó a su fin mucho antes de lo previsto. Al salir de la casa una mañana, tropezó con el cartero mientras distribuía las cartas en los buzones del edificio. En el enorme edificio donde compartía piso provisionalmente con su amiga Isabel había muchos buzones. Y también una carta para ella. Emocionada, corrió al rincón de la playa donde solía pasar largos ratos mirando al mar o meditando. La intriga para entonces era incontenible. Con mucho cuidado abrió el sobre y comenzó a leer la carta. La interrumpieron dos gaviotas que se acercaron a su lado por unos breves instantes para luego remontar el vuelo. Lo tomó como una señal y continuó con la lectura. La respuesta le resultó vaga y confusa. Tuvo que releer varias veces hasta comprender que los sentimientos eran mutuos. Entonces se enterneció, no pudiendo contener el llanto. Se acercó a la orilla para adentrarse en el agua y nadó hasta la Peña de la Vieja, donde la sal de sus lágrimas se fusionó con la del océano Atlántico.

A partir de entonces volaron las cartas y las llamadas. Él le contaba las últimas novedades del proceso comunitario, que había entrado en una nueva etapa bastante afín a lo que ellos estaban descubriendo. Resultó que otros compañeros de la comunidad también afrontaban el proceso de enamoramiento. Lo exponían a la comunidad como una posibilidad para que se aceptara esa nueva realidad que vivían, a la vez que sugerían la formación de una comunidad mixta con parejas y célibes, tal como ocurría en otros lugares afines como Bosé, que incluso habían visitado recientemente; o el Arca, que desde sus inicios contaba con diversas familias.

Celebraron un consejo general donde se expondrían pros y contras. Con todo, los más radicales, que eran justo los que habían puesto en marcha la comunidad en sus inicios, no lo veían posible. Después de múltiples encuentros y debates no se alcanzó ningún acuerdo. Todo pendía de un hilo y estaban a punto de disolverse.

Adriana sufría con esto y le comentaba a Sergio: «Me parece una pena que no contemplen nuevas posibilidades.

Significaría un enriquecimiento para la comunidad que existieran familias y se vincularan de una manera u otra. Ese lugar es muy rico e interesante. Es un faro para mucha gente. El carisma creo que está por encima del estado de solteros o casados, y es una pena que termine así. Ruego porque llegue una luz nueva y puedan integrarse las diferencias».

El proceso de disolución siguió adelante y pronto se produjo la fractura y el éxodo de los que no estaban de acuerdo con los fundadores, entre los que se encontraba Sergio, quien fue uno de los últimos en salir.

Una vez abandonada la comunidad, él y todos se tenían que enfrentar a un nuevo reto: remodelar sus vidas y buscar otros horizontes. Habría que empezar de cero; encontrar casa, trabajo y una misión en la vida. Fue en ese momento de pausa cuando Sergio sintió que se le brindaba la ocasión ideal para ir a ver a Adriana.

Entusiasmado con la idea se puso manos a la obra, comenzando por reunir sus ahorros. El viaje a Canarias era costoso y no tenía suficiente. Pidió ayuda a José y Marina, amigos de confianza que le prestaron el dinero que le faltaba y lo asesoraron en lo que implicaba viajar en avión. Cuando tuvo en sus manos el billete a Canarias respiró hondo. Se sentía satisfecho y feliz por la decisión elegida.

En una noche de julio con luna llena y por primera vez en su vida, Sergio cogió un avión y se adentró en el cielo a más de cuarenta mil pies de altitud. Comenzaba una aventura nueva que no podía imaginar hasta dónde le llevaría. Al otro lado y compartiendo la misma luna, se encontraba Adriana en el aeropuerto, deseando volver a verle.

Ella estaba impaciente y nerviosa. Le preocupaba el reencuentro después de haberse declarado ambos el amor por carta. No tenía claro qué hacer al verlo, ni como reaccionarían los dos. Ahora la relación era diferente a cuando eran solo compañeros de camino.

Se vistió con sus mejores galas para la ocasión. Salió camino al aeropuerto con mucha antelación. Sabía que era pronto, pero no quería arriesgarse, por si ocurría algún trastorno en el tráfico o encontraba caravana de coches, lo cual era frecuente en esa carretera. Conducía un coche prestado y llegó sin dificultad. Cuando aparcó y miró el reloj faltaban dos horas según la previsión del vuelo. Se dirigió a consultar el panel informativo, comprobando que por el momento no había ningún cambio. El vuelo de Barcelona estaba en hora.

La espera se le hizo eterna y cada vez más nerviosa miraba continuamente el reloj, con el temor de que se produjera algún retraso de última hora que aumentara más aún la agonía. A la vez lo deseaba. Decidió recorrer varias veces el pasillo del aeropuerto buscando tranquilizarse. Se preguntaba cómo debía saludarlo, si estaría bien abrazarlo o no. Distraída en ese estado de incertidumbre se abrieron las puertas y apareció Sergio luciendo su mejor sonrisa. La reconoció desde lejos y llegó corriendo a su encuentro con gran determinación. La abrazó estrechándola entre sus brazos, en los que ella se abandonó a la vez que sus dudas e incertidumbres se esfumaban.

Nunca habían estado tan cerca y ahora a ambos les resultaba difícil separarse; el tiempo se detuvo en aquel abrazo tan soñado y deseado. Cuando al fin aterrizaron en el mundo real Adriana exclamó:

—Tengo el coche fuera. Me lo ha prestado Isabel, y ha sido una suerte porque tan tarde ya no hay guaguas. ¿Cómo te fue el vuelo?

Sergio, nervioso, respondió.

—He tenido un viaje de película viendo la hermosa luna que lo iluminaba todo dibujando estelas en el mar. Así que, siendo mi primera vez en avión, ha sido fascinante.

Salieron del aeropuerto en dirección a los aparcamientos cogidos de la mano. Colocaron el equipaje en el coche, un Austin Mini de color rojo, y ya acomodados Adriana apretó el botón del casete. Lo había planeado para ese momento, y la cinta comenzaría justo en la canción que ella quería que Sergio escuchara. Sonó a todo volumen la voz de Nacha Guevara recitando el poema de Mario Benedetti titulado *Todavía.*

No lo creo todavía
estás llegando a mi lado
y la noche es un puñado
de estrellas y de alegría
Palpo gusto escucho y veo
tu rostro tu paso largo
tus manos y sin embargo
todavía no lo creo
tu regreso tiene tanto
que ver contigo y conmigo
que por cábala lo digo
y por las dudas lo canto
Nadie nunca te reemplaza
y las cosas más triviales
se vuelven fundamentales
porque estás llegando a casa

El poema de Benedetti ponía las palabras adecuadas a lo que ambos sentían. No podían creerse que estuvieran juntos. Las distancias, los papeles y las normas se quedaban lejos. Eran ahora obstáculos que habían conseguido salvar y solo importaba sentirse uno en los brazos del otro, y vivir la noche como un puñado de estrellas y fantasía, tal y como cantaba Nacha Guevara.

Llegaron a la calle Thomas Edison, donde compartirían piso con Matías. Él se había ido unos días a Tenerife, dejándoles el apartamento para ellos solos. Adriana propuso acercarse al mar, que estaba muy cerca.

—Quiero que pises la arena y que el agua de la playa de Las Canteras sea tu bautismo en el Atlántico.

—Yo estoy dispuesto a ir donde me lleves, he venido para eso —respondió.

La luna seguía iluminándoles y trazando dibujos en la mar. Apenas había nadie y allí, en la arena, se dieron su primer beso y caminaron juntos por la orilla con los pies descalzos bañados de mar y salitre.

Adriana no paraba de preguntar. Estaba muy impaciente por saber lo sucedido en la comunidad. Quería conocer hasta los mínimos detalles acerca de sus hermanos y el proceso que habían vivido, así como qué hicieron cada uno al despedirse y demás detalles. Sergio, en cambio, solo quería oírla a ella y conocer lo referido al proceso de enfermedad transcurrido desde que se separaron. Hubo tiempo para todo en aquella noche mágica del dieciséis de julio.

A la mañana siguiente amanecieron abrazados. Pasearon de nuevo por la playa felices y cogidos de la mano. La marea cambiante llevaba ahora a las olas a chocar con el acantilado. Disfrutaban de un maravilloso sueño del que temían despertar en cualquier momento. Nada les impedía saborear cada segundo aquel encuentro, paseando y disfrutando el amor recién estrenado que sentían a flor de piel.

También hubo tiempo de hacer turismo, y pasados los primeros días Adriana llevó a Sergio de visita por la isla.

Quería enseñarle las mejores playas, que se encontraban en el sur, y hacían los trayectos en guaguas desde la estación de San Telmo.

Era hermoso contemplar todo el litoral bordeado de mar y arena rubia que se extiende a lo largo de la costa desde San Agustín hasta Maspalomas. Bajaron de la guagua en la última parada con el propósito de atravesar andando desde playa del Inglés hasta Maspalomas. Allí se perdieron entre las innumerables montañas de arena que emergen de la nada, dando nombre y forma a las dunas. Observaron como cambiaban de lugar y eran peinadas por los vientos alisios.

La impresionante vista resultaba espectacular, más parecida a un paisaje lunar que a una playa. A pocos metros de ellos pudieron percibir cómo la arena bailaba al compás del viento sin cesar. Se adentraron en esas pequeñas montañas recorriéndolas palmo a palmo, y buscaron una de las más altas, donde se tumbaron para deslizarse dando vueltas sin fin tal como lo hacen los críos.

Cuando terminaron de revolcarse en las dunas, eligieron un lugar para disfrutar de la puesta de sol, que comenzaba a ocurrir en ese momento. Extasiados contemplaron juntos ese gran espectáculo que los dejó sin palabras por la gran belleza y emoción que sentían, y se abrazaron rodeados de la luz del sol que más tarde desapareció en el horizonte, dejándolos sumidos en la noche.

Adriana susurró al oído a Sergio que las mejores puestas de sol son esas que ocurren en el verano. El cielo aparece más encendido que el resto del año, permitiendo al perderse en el horizonte que también el mar se tiña de rojo.

Despidieron el día sentados en la arena. No había prisas. Tenían todo el tiempo del mundo para pasar esa noche durmiendo entre las dunas, dejándose abrazar por ellas bajo el hotel de mil estrellas. Podían sentir cómo la arena aún conservaba el calor del sol. Después de encontrar el lugar adecuado, abrieron los sacos de dormir y los unieron por las cremalleras convirtiéndolo en uno solo, más ancho y grande. Se acomodaron entre las dunas. El cielo estaba espectacular y las estrellas fueron testigos privilegiados de aquel poema de amor que emergía entre ellos. Una presencia cercana, simbolizada por la luz que los había acompañado siempre, también se hizo presente y con su cercanía durmieron, enredados entre ellos mismos, la arena y los abrazos.

A la mañana siguiente un sol abrasador les dio en la cara; sin duda estaban en el desierto, rodeados de arena y con un sol ardiente que quemaba. Un avión voló sobre sus cabezas y de este salieron algunos paracaidistas, quienes tras un corto vuelo aterrizaban a pocos metros de donde se encontraban. Todo un sorprendente espectáculo que no esperaban.

Salieron del escondite al tiempo que se liberaban de la montaña de arena acumulada sobre sus cuerpos, y que también se había adentrado en todos los orificios posibles. Corrieron hacia el agua en dirección a la playa. Atravesaron las dunas, lo que resultaba agotador por el calor, más lo duro que es caminar por la arena. El sol brillaba ardiente y no había nube que lo atenuara. Al llegar a la playa la mar estaba en calma y la luna crecida, como diría el poema anónimo *Romance de Abenámar*.

Un buen baño y desayuno con sandía fueron todo un regalo para los sentidos. Pasaron el día bañándose y tomando el sol. Al atardecer emprendieron el regreso por la orilla de la playa. Era fácil caminar porque estaba la marea baja y el suelo mojado. Llegaron al punto de partida del día anterior.

Tal y como los granos de arena se deslizan en el reloj del tiempo sin que nada pueda detenerlos, pasaron muy rápidos los días que disfrutaron juntos, que supusieron pasar de estar en el cielo disfrutando de una eternidad de besos a volver al aeropuerto para despedirse.

Sergio había conseguido un contrato de verano por dos meses en un hotel en Suiza, donde había estado anteriormente en su época de estudiante. Lo había solicitado desde Barcelona tras enterarse de que se quedaba en la calle y sin dinero. Por lo tanto, llegaba la hora de decir adiós; después de aquellos quince días maravillosos en los que habían gozado de estar en el cielo de los enamorados. Adriana también tenía asuntos pendientes. Debía seguir su tratamiento y retomar un trabajo que por horas había iniciado con varios enfermos psiquiátricos a quienes daba clases de terapia ocupacional.

Despedirse esta vez era bien diferente a cuando solo eran compañeros de comunidad. En esos intensos días se había creado entre ellos un tejido nuevo que antes no existía. No obstante, conscientes de que el recuerdo de esos hermosos días juntos permanecería siempre, decidieron desdramatizar el momento con un simple hasta luego, para que nada pudiera empañar aquellos maravillosos momentos vividos.

—Hasta pronto —dijo Sergio mientras se alejaba por los pasillos que lo llevarían al avión.

—Hasta luego —respondió Adriana pegada al ventanal mientras lo veía desaparecer entre los pasajeros.

Adriana volvió a casa sola, pero feliz. Durante el trayecto reflexionaba sobre lo vivido, y fue consciente por primera vez del gran salto que había dado su vida.

Sabía que sería diferente a partir de ahora. Al igual que el día que dejó su ermita, pasaba por un gran cambio. Su proyecto para el futuro no era volver al bosque; había otra persona con la que anhelaba compartir la vida.

A partir de entonces entre Sergio y Adriana fluyó la comunicación casi a diario a través de cartas y llamadas telefónicas, además de muchas noches soñando con un nuevo reencuentro. Sergio, en Suiza, buscaba cualquier oportunidad para conseguir comunicación con ella. En una ocasión encontró una cabina telefónica que estaba estropeada, lo que les permitió hablar casi toda una noche.

Pero nada consiguió evitar que los dos meses les parecieran eternos, y a punto de terminar el contrato en Suiza, a Sergio se le ocurrió la brillante idea de invitar a Adriana a ir junto a él y pasar los últimos días en el hotel donde trabajaba, para luego emprender el viaje de regreso juntos.

El hotel de estilo familiar estaba situado frente al lago de Zúrich, en Suiza. Muy valorado por los turistas que lo llenaban cada verano, en invierno permanecía cerrado. Sergio conocía a los dueños y al personal en su totalidad. Con ellos se sentía como en casa y sabía que era posible que Adriana se alojase allí si iba a verle, así que empezó a ilusionarse con la idea, y sin pensarlo demasiado en la primera llamada telefónica de ese mismo día se lo propuso. Ella, muy sorprendida, no vio tan claro de pronto ir a Suiza, pues justo estaba consiguiendo un ritmo de trabajo y de vida y le resultaría complicado abandonar para irse de vacaciones. Aunque desconcertada, valoró la posibilidad. Pensando en la dificultad del idioma, más lo largo del viaje desde Canarias, era un follón. Tendría que coger avión y tren, y no tenía apenas dinero. En fin, se le hizo un mundo en ese instante y respondió que no lo veía claro.

No obstante, más tarde, en la soledad de su reflexión, saboreó la posibilidad de verse antes de lo previsto, y esto fue más fuerte que sus razonamientos lógicos. Valoró la oportunidad única de viajar por Europa que siempre había deseado, y ocurrió que todo lo que vio al principio como dificultades ahora le parecían solo un reto a superar y se fue entusiasmando con la idea de verse pronto. Deseaba hablar cuanto antes con Sergio para comunicarle la buena nueva, pero tuvo que esperar varios días hasta el fin de semana. Cuando al fin pudieron hablar, él se mostró muy feliz de que hubiera cambiado de opinión y añadió: «No te preocupes, tienes alojamiento en el hotel. He hablado con el dueño. Se va acabando la temporada alta y habrá habitaciones libres. Dejará una solo para ti. En cuanto a la llegada, lo he planeado. Iré a recogerte al tren, pediré el día y no te vas a perder».

Así fue como el tren iba llegando a la estación de Zúrich y Adriana, emocionada, no se separaba de la ventanilla. Quería ver a Sergio, pero faltaban todavía un par de kilómetros y solo podía apreciar algunas siluetas muy lejanas en el andén. Por fin la máquina disminuía la velocidad adentrándose en la estación. Estaba muy nerviosa, mirando en todas las direcciones sin conseguir distinguirlo. La explanada de llegada era muy grande y resultaba difícil localizar a alguien.

Los pasajeros se levantaron de sus asientos con el ritmo frenético que ocurre a la llegada a destino y ella hizo lo mismo. Poniéndose la chaqueta todavía en el vagón, oyó unos golpecillos en la ventanilla de su asiento y, al mirar, allí estaba Sergio luciendo su mejor sonrisa. Respiró hondo llena de satisfacción. Él continuó dando golpes de forma nerviosa hasta que ella se acercó y puso su mano junto a la de él a través del cristal. Entonces, el volcán que había permanecido durante dos meses latente esperando el reencuentro se desató para los dos. Adriana lloraba de contenta y su corazón latía casi al galope. Como pudo se dirigió a la salida. Estaban muy cerca, a punto de abrazarse de nuevo; los cinco mil kilómetros se habían reducido a una simple ventana y ahora estaban a un palmo de distancia; le parecía mentira. Le temblaban las piernas por la emoción, mientras trataba de recoger su equipaje con dificultad, pues se lo habían colocado muy alto y no llegaba. Alguien la ayudó y, una vez recuperada su mochila, bajó los tres escalones hasta el andén, lanzándose en los brazos de Sergio, que había avanzado hasta la puerta de su vagón. Abrazados, ambos lloraban y reían a la vez.

Así permanecieron un tiempo juntos, sin moverse del andén, abrazados el uno al otro; los pasajeros tenían que esquivarlos. Ellos estaban ajenos al mundo exterior, inmersos en su encuentro, y aquel abrazo se alargó mucho rato, hasta que el revisor los invitó a circular, momento en el cual despertaron a la realidad y se pusieron en camino a la salida.

Adriana amaneció sola y feliz. Estaba cansada del viaje y de la proeza que le supuso llegar hasta allí. Se levantó tarde. La luz que entraba por el ventanal de su habitación la sedujo, y se asomó entre las cortinas para contemplar por primera vez el precioso lago de aguas tranquilas. Observó el paisaje de alrededor reflejándose en sus aguas como si se tratase de un nítido espejo; los barcos, las copas de los árboles, los bancos del paseo. Algunos cisnes lo cruzaban dejando apenas una leve señal, mas el lago parecía no inmutarse.

No imaginaba que su habitación tuviera vistas tan hermosas y lo agradeció. Se dispuso a desayunar unas tostadas con mantequilla y mermelada de arándanos que Sergio le había dejado preparadas antes de bajar a trabajar.

La habitación estilo buhardilla era muy acogedora. Todo era de madera, los muebles habían sido tallados de forma artesanal por carpinteros de la zona, las sillas tenían grabada la flor Edelweiss, que supo más tarde que era un símbolo nacional de Suiza.

Se dispuso a abrir su equipaje colocando las prendas en el armario, excepto sus *pashminas* de colores, que usó en esa ocasión para adornar la habitación, buscando darle un toque personal a la estancia. Mientras decoraba desfilaban por su memoria las escenas del día anterior: el tren, la ventanilla, el encuentro en la estación de Zúrich, la noche vivida sintiendo el calor de su piel, los abrazos, la cercanía de la respiración...

Sin duda había comenzado una nueva aventura y la idea le entusiasmaba. Era un tiempo de vivir esa relación más a fondo y fuera del medio conocido de ambos. Un país extranjero con otra lengua y un entorno que de momento resultaba hermoso.

Esperaba impaciente a que Sergio terminara su turno de trabajo y escribía en su diario:

«Estoy deseando verlo de nuevo, volver a abrazarlo, saber que todo esto no es un sueño. Anoche apenas tuvimos tiempo de hablar; llegamos rendidos y él salió de madrugada mientras yo aún dormía. Volverá por la tarde cuando termine su turno. Se me hará muy largo el día».

En el trabajo los compañeros le comentaron a Sergio que lo veían muy feliz. Se mostraba inquieto por terminar la jornada y volver a reunirse con Adriana. Aunque ella era independiente, sabía que le sería complicado lo del idioma a la hora de acudir a un supermercado o cafetería.

Como si alguien lo hubiera tocado con una varita mágica, Suiza dejó de ser un lugar inhóspito para él, transformando sus días grises y pasando a experimentar una alegría que lo envolvía todo.

Desde la primera semana Adriana quiso disfrutar de pequeños paseos por el lago y el pueblo. En el día libre de Sergio tomaron dirección hacia Zúrich. Era una gran ciudad, con mucha vida cultural y amplias propuestas de música y arte. Fue un día que tocó soleado y disfrutaron de estar al aire libre paseando por calles con mucha gente mostrando sus artes de todo tipo, como malabares, estatuas, mimos y músicos de distintas categorías. Era un ambiente *hippy* que les encantó. Conocieron a jóvenes latinoamericanos y españoles con los que les resultaba fácil entablar amistad; tenían en común la juventud y el sentido aventurero.

En una de sus salidas fueron a visitar a un grupo de emigrantes españoles que llevaban en Zúrich muchos años, se agrupaban y hacían actividades juntos. Sergio los conocía de sus anteriores estancias. Adriana disfrutó, se sintió muy bien acogida y compartió sus proyectos e ilusiones. En los días transcurridos desde su llegada, empezó a darse cuenta de la relación tan distante que los suizos mantenían con los emigrantes. No querían relacionarse con ellos, salvo excepciones, a pesar de que los necesitaban como mano de obra. Fue por eso por lo que la acogida de Carmina y su grupo la hizo sentirse de nuevo como en España, con la alegría y cordialidad que los caracteriza.

Septiembre avanzaba y llegaba el cumpleaños de Sergio. Adriana quería hacer compras y no le era fácil. Tropezó de lleno con la barrera del idioma. En esa zona solo hablaban alemán, y a pesar de que ella se explicaba con la mímica muy bien, y ese recurso le ayudó mucho en Francia, aquí no conseguía hacerse entender. La mentalidad del país, tan racional, le era dificultosa como latina. Entonces vivió de cerca el rechazo hacia los emigrantes y le dolió en su propia carne. Con esfuerzo y haciendo de tripas corazón, como decía su abuela, se hizo entender a pesar de las resistencias del personal, y logró su objetivo, que era comprar una tarta y velas.

El día del cumpleaños lo tenía todo preparado. Sergio trabajaba en el turno de tarde, lo que significaba que hasta la medianoche no regresaría. Lo dispuso para que fuera una sorpresa. Pensaba que después de una jornada de trabajo Sergio no se acordaría de que era su aniversario, y acertó.

Cuando llegó la medianoche, él volvió cansado de la dura jornada y no se imaginaba la sorpresa que le esperaba. Entró en la habitación sigiloso, extremando el cuidado para no despertarla. No encendió ni la discreta luz de la entrada, aunque le pareció raro que estuviera apagada. Casi se asustó cuando Adriana apareció en medio de la oscuridad, con su tarta iluminada con treinta velitas entonando el cumpleaños feliz. Lloraba emocionado sin conseguir apagarlas, y se le olvidó formular el tradicional deseo. Por eso repitieron la maniobra; las velas chorreaban cera sobre el pastel, mas se lo comieron igualmente. Sergio le dijo a Adriana que era el mejor cumpleaños de su vida. Estaba feliz y su sonrisa brillaba en medio de la noche.

Hubo muchos momentos mágicos durante esos días y otros no tanto. Una tarde de paseo, el viento comenzó a soplar muy fuerte. El día se tornó gris, amenazando temporal. Parecía una premonición del otoño, que a finales de septiembre se iba acercando. Adriana, mientras paseaban, sintió la necesidad de llamar a su familia, no sabía bien porqué, tuvo un presentimiento extraño, como si lo desapacible del tiempo fuera un augurio de que algo malo iba a ocurrir.

Mientras intentaban caminar el viento los zarandeaba y resultaba arduo avanzar. En una cabina telefónica trataron de comunicarse, pero no había señal, así que probaron otras, hasta que al fin consiguieron una que funcionaba. Al escuchar a su madre percibió que pasaba algo. La voz era extraña, entrecortada por llantos y suspiros, y cuando al fin pudo articular palabra le comunicó que ocurría algo horrible. El marido de su hermana pequeña, Pedro, había sufrido un tremendo accidente de coche. Primero dijo que estaba muy grave, para no preocuparla tanto. Al final confesó que había muerto en el acto. Se encontraba justo en el velatorio y al día siguiente lo enterrarían. Adriana no supo reaccionar, se le helaron las palabras en la garganta, quedándose muda. Fue Sergio quien concluyó la conversación porque ella estaba a punto de desmayarse.

Conocía bien a su hermana y sabía la tragedia que esto suponía. Era muy vulnerable y dependiente de su marido. De pequeña había padecido de una salud frágil. Sufrió con frecuencia de convulsiones por la fiebre alta que le subía cuando se ponía enferma de la garganta. Aunque se había recuperado y tenía una vida normal, era la más débil de las hermanas. Pensaba en su sobrino y se sentía aún más desconsolada. Tan pequeño, con solo tres años, tendría que aprender a afrontar la pérdida de su padre. La situación le pareció en verdad desoladora; era algo irreparable, sobre todo para él.

Sergio la consoló como pudo. Ella se sintió impotente. Se encontraba demasiado lejos y no podría llegar a tiempo de nada, ni siquiera del entierro, que sería a la mañana siguiente. Estar ausente en un acontecimiento tan trágico para su familia le resultaba muy doloroso. Ella, que siempre estaba cerca y pendiente de todos, ahora solo podía vivirlo desde la distancia; rezar por él y mandarle apoyo a su hermana a través de cartas y llamadas telefónicas. De pronto se sintió frágil y vulnerable, y lloró sin consuelo en los brazos de Sergio.

«Demasiado lejos», se repetía una y otra vez, dándole vueltas a la situación, tratando de encontrar una solución que le permitiera llegar a tiempo para acompañarlos, pero bien sabía que era imposible y no podía hacer nada. Le quedaba un mes en Suiza y tendría que vivir con esto. Si lo cancelaba todo y regresaba de inmediato tampoco cambiaría lo ocurrido. La pérdida era irreparable. La madre le decía que su hermana tenía que vivir su propio duelo, y que sería más tarde cuando necesitaría su apoyo, en el momento de enfrentarse a la vida sin Pedro.

CAPÍTULO 13

CAMINANTE NO HAY CAMINO

El día de la partida salieron del hotel muy tempranito dispuestos a la aventura del viaje de vuelta. Detrás quedaban dos meses de trabajo de camarero de Sergio y la habitación con vistas al lago testigo de su amor.

Eligieron iniciar el regreso por un sitio simbólico que estaba más o menos cerca. Se trataba de un punto de peregrinaje habitual para la gente del lugar. Era un pueblo en las montañas próximo a las pistas de esquí, con verdes valles y que en invierno siempre estaba nevado. Estaba presidido por una abadía benedictina del siglo XVII a donde, según cuentan las leyendas populares, se retiró un monje para vivir en soledad como ermitaño. Fue después de su muerte cuando se construyó el convento actual, edificado sobre la ermita, y que por su historia se había convertido en un lugar emblemático para los suizos.

Visitaron los rincones del pueblo y también la abadía. En la iglesia contemplaron la imagen de la Virgen negra que preside el altar mayor; una talla muy antigua y hermosa. Hablaron con los monjes para pedirles posada en la hospedería. Sergio se había quedado a dormir en alguna ocasión anterior y aseguraba que no habría problema, pero no los admitieron. Solo podía pernoctar él. Sorprendidos, fueron a otro de los muchos conventos que hay en la zona, en este caso era de las Hermanitas de Jesús, y tampoco los alojaron. Alegaron que su casa era pequeña y no disponían de un lugar para la acogida. Entonces llamaron a muchas puertas y al final acabaron durmiendo en un establo que les ofreció un granjero, conocido de la comunidad de las hermanas, a cambio de que le ayudaran a limpiar las vacas a la mañana siguiente.

Se instalaron en la cuadra ofrecida como si fuera el mejor hotel del mundo. Mientras abrían sus sacos de dormir para extenderlos oían a las vacas mugir con fuerza. Se lo tomaron con mucho humor, comentando entre ellos que las vacas les daban la bienvenida, agradeciendo el lujo de que vinieran a pasar la noche con ellas.

El establo estaba situado en la parte inferior del recinto y en la superior se hallaba la paja que les sirvió de dormitorio por aquella noche. Se acomodaron como pudieron, felices de haber encontrado un lugar donde resguardarse del frío, que iba a más en las montañas mientras avanzaba la noche. El calor que emanaba de las vacas les permitió dormir calentitos y las bendijeron por hacerles el servicio de calefacción. Vivir esa paradoja resultaba simbólico. Supieron entonces que en los lugares de acogida de la Iglesia no había espacio para ellos en pareja.

Fue lo mismo que les ocurrió un día a aquellos dos peregrinos en Belén, cuando después de tocar a todas las puertas, acabaron durmiendo en un establo compartiendo el calor de los animales porque los humanos todavía no habían despertado de su largo letargo. Algo que sigue ocurriendo en el mundo de hoy con los emigrantes y los sintecho.

De madrugada, pues todavía no había empezado a clarear, el granjero los despertó silbando para que Sergio acudiera a ayudarle. En pocos minutos juntos se ocuparon de bañar y abrevar a las vacas. Adriana también se levantó, y tras sacudirse la paja enredada en su pelo pasó por el baño, que estaba junto a las cuadras, y después fue a la cocina, donde la esposa del granjero preparaba el desayuno. Lo terminaron entre las dos y cuando estuvo listo y servido llamaron a los hombres.

El desayuno de ese día fue exquisito. Leche recién ordeñada, queso de elaboración propia, al igual que la mermelada, y un auténtico pan rústico amasado la noche anterior. Este fue el mejor desayuno que tendrían durante el viaje, un lujo que disfrutaron con entusiasmo y agradecimiento. Entonces ignoraban lo que les quedaba por delante en lo referido a muchos días sin desayuno.

Antes de despedirse, y con dificultad a causa del idioma, cruzaron algunas palabras con los granjeros. Sergio se defendía con el idioma, aunque en esa zona de montaña se hablaba de una forma más cerrada y nada tenía que ver con el alemán que él había estudiado y practicado en el hotel suizo. Terminaron por limitarse a dar las gracias con una amplia sonrisa y un apretón de manos, regresando al camino.

Era el segundo día de su gran aventura de vuelta a casa. Habían planeado hacer el viaje en autostop y buscar alojamiento en los lugares a los que consiguieran llegar durante el día. Ahora tocaba salir a la carretera. Estaban dispuestos a improvisar, dependiendo de la suerte que los acompañara en cada momento.

El autostop era la forma por excelencia de moda y la más fácil para viajar de los jóvenes en esa época. En aquellos tiempos no solían darse los problemas que existen hoy en día, y los estudiantes se movían por Europa de esta manera.

Cada mañana trazaban la ruta que querían hacer ese día. Se dirigían a un lugar estratégico donde hubiera buena afluencia de vehículos, como una gasolinera o una parada de autobuses, y desde allí probaban suerte. Mientras esperaban a que algún coche los llevase, consultaban una y otra vez el mapa de Sergio asegurándose de estar en la dirección correcta y no perderse.

Ese día al salir a la carretera todo les fue favorable. Los cogieron pronto. El conductor haría un buen trayecto; atravesar el túnel de San Gotardo, uno de los más largos de Europa, que une Suiza con el norte de Italia. Fue un gran golpe de suerte y al atardecer estaban en Lugano, preciosa ciudad italiana que los cautivó desde la carretera mientras el coche se acercaba. Al llegar comprobaron que estaban justo a tiempo de poder comprar en el supermercado algo de comida, un litro de leche y pan.

Se dirigieron al lago para sentarse a cenar en un parque que lo rodeaba. Los últimos rayos de sol dibujaban hermosas sombras que se asomaban en el agua. Embelesados por la belleza del lugar y cansados del viaje, no se percataron de que empezaba a anochecer y mucho menos de que cerraban el parque. No estaban acostumbrados a que los parques tuvieran puertas y se cerraran, les resultó extraño, se habían relajado sin estar atentos. Cuando intentaron salir, se vieron atrapados. Ni puerta ni muro que diera una oportunidad de saltar, nada. Estuvieron inquietos hasta que se dieron cuenta de que no estaba tan mal pasar la noche en tan hermoso espacio. Se dedicaron a inspeccionar el lugar y después de algunas vueltas encontraron un sitio protegido de la intemperie. Hacía las veces de un pequeño refugio debajo de un puente con el lago por delante, y detrás una pared de piedra. Les pareció adecuado y allí acamparon. Colocaron «el dormitorio» con vistas al lago que iba a mecer sus sueños. Estaban rendidos y a punto de dormirse, pero algo se movió en la oscuridad y al mirar con atención descubrieron que se trataba de ratones de campo que buscaban comida en sus mochilas. Asustados, saltaron rápido y trataron de seguirles la pista hasta al agujero donde se escondieron, calculando que allí estaría la madriguera. Lo taparon con mucho arte y calma valiéndose de piedras y barro de la orilla del lago. Una vez sellado el escondite, Adriana recordó de sus épocas en el bosque que estos animalitos si ven luz no se acercan. Se apresuró a buscar en la mochila una vela que siempre llevaba consigo y la encendió, colocándola cerca de sus cabezas con la esperanza de que durara toda la noche. Después de dicha odisea se mantuvieron en alerta un rato y cuando dejaron de oír ruidos y el silencio fue total consiguieron dormir y olvidarse de los ratones.

En la madrugada ocurrió otro percance. El agua del lago había subido de manera imperceptible y estaba a punto de mojarlos. Los despertó un extraño murmullo que les obligó a salir del improvisado dormitorio, y con tiempo apenas de lavarse la cara antes de que el agua los alcanzara. Tuvieron que recogerlo todo para ponerlo a salvo, y ya más tranquilos aprovecharon para saludar al sol tal como habían aprendido en la comunidad del Reloj del Sol, con Antonio. Estrenando el nuevo día se prepararon para salir por la puerta grande del parque, que estaba al fin abierta.

Más tarde se reían juntos pensando y comentando con mucho humor lo que les depararía la tercera noche. Mientras hacían el recuento de las anteriores se decían: «La primera noche nos tocó un establo, la segunda dormir bajo un puente, y hoy ¿qué sorpresa nos deparará el día?». Disfrutaban de la aventura con risas mientras se ponían en camino.

A la salida del parque la luz del sol les cegaba. «Este día será soleado —comentó Sergio—, lo vamos a aprovechar para sacar nuestros huesos al sol».

Anduvieron por varias calles buscando una cafetería y todas tenían precios turísticos. Llegaron a un rincón más apartado y mientras tomaban el sol en un pequeño banco de una plazoleta escondida, descubrieron una modesta cafetería con precios asequibles a sus posibilidades. Se dirigieron a ella y ocuparon una de las mesas en la terraza. Pidieron un café calentito. A esas horas de la mañana resultó ser un gran placer. Pudieron ponerse al día ojeando periódicos destinados a los clientes y constataron que, para no variar, contenían malas noticias. Una vez finalizado el desayuno, se informaron con el camarero de cómo llegar a la próxima carretera. Lo entendieron sin dificultad; quedaba claro que el italiano resultaba mucho más fácil.

Fueron al punto óptimo para hacer autostop. Esta vez era una estación de servicio que había a las afueras de la ciudad. Mientras esperaban a que alguien parase, se situaron frente al mapa como cada día. La próxima etapa sería Milán. Observaron que les quedaban muchos kilómetros por recorrer, pero a pesar de ello confiaban en poder llegar el mismo día.

La cordialidad de los italianos les hacía sentirse como en casa. Eran diferentes a los suizos, que tenían un temperamento más cerrado y con los que apenas cruzaban unas pocas palabras mientras duraba el trayecto en coche. En cambio, con los conductores italianos disfrutaban de calurosas conversaciones. Ese día en concreto tuvieron suerte. Paró un matrimonio muy simpático y rieron casi todo el trayecto con sus bromas y ocurrencias. Cautivaba el acento de su lengua y fueron capaces en poco tiempo de seguir una conversación y hacerse entender.

La carretera se portó bien. Más adelante les cogieron rápido y además el conductor, en este caso de un camión, los invitó a comer en un bar de carretera que solía frecuentar. Fue un día excepcional, pudieron hacer un almuerzo en toda regla con menú de tres platos y postre. Después de la pausa del almuerzo volvieron a la carretera, e inmersos en la conversación con el camionero y casi sin darse cuenta, estaban ya a pocos kilómetros de Milán. Llegaron a la periferia por la zona industrial, donde estaba el destino final de Giovani, que así se llamaba el hombre. Fue un placer el viaje con él. Era muy simpático y amable y hasta se preocupó de dejarlos lo más cerca posible. Antes de despedirse intercambiaron direcciones y lo invitaron a ir a verlos algún día a Málaga o a Canarias.

Entraron en Milán por la puerta grande gracias al último conductor que les recogió en la zona industrial.

Milán, una gran ciudad llena de coches y bullicio por todas partes, mostraba también su hermosura en aquella tarde que aún estaba soleada. Recorrieron a pie las calles del centro hasta su famosa catedral, que les resultó impresionante. Era una de las mayores que habían visto hasta entonces. De estilo gótica renacentista, se encuentra situada en el centro de la ciudad antigua. Llegaron a tiempo de entrar y subir a la azotea para poder ver de cerca las múltiples agujas, que simulaban antenas que se levantan hacia el cielo. Hicieron fotos como cualquier turista, perdidos entre la multitud, para luego descender a la plaza del Duomo y a la Galería Vittorio Emanuele II, que se encuentra en el lado norte y desemboca en la plaza de la Scala, frente al famoso teatro de la ópera de Milán. Descansaron en los bancos mientras comían algunas frutas y dátiles que les quedaban, y se sumergieron en la contemplación de la puesta de sol que comenzaba a declinar en el horizonte.

Anochecía cuando se dirigieron a la estación. Después de estudiar el trayecto, comprobaron que hacerlo en tren era la única alternativa para llegar a su nuevo destino en el norte de Italia, cerca de Voghera, provincia de Pavía. Por primera vez durante el viaje compraron billetes. El trayecto se iniciaría de madrugada y decidieron que la forma de no perderlo era dormir por allí, así que se mezclaron entre la multitud de viajeros, recorriendo la estación en la búsqueda de un banco libre que por fin encontraron. Se acomodaron, consiguiendo descansar algunas horas. Alrededor de la medianoche apareció un vigilante que los despertó gritando a voces que allí no se podía dormir, y les obligó a levantar el campamento. Adriana se quedó asustada, pero Sergio la tranquilizó diciendo: «No te preocupes, ellos hacen una ronda y se van. Dentro de un rato buscamos otro banco más escondido y santas pascuas».

Y así lo hicieron, consiguiendo dormir hasta la hora de llegada de su tren. Adriana tenía muy claro adónde iba. Deseaba llegar a un pueblo de montaña situado en la Lombardía, lugar en el que vivían una amiga muy querida y su comunidad. Se trataba de una mujer muy especial que conoció en las Palmas a través de Ignacio. Ella había creado una comunidad con todo un proyecto de cooperativas y una escuela de pensamiento.

Tras varios trasbordos, primero en tren y luego en autobús, llegaron al pueblo. Subieron con paso firme. Tenían deseos de conocer de cerca la comunidad de la que tanto había oído hablar a Adriana, y ahora a Sergio a través de ella. Llegaban al lugar cargados con sus respectivas mochilas, colmadas de sueños y en las que llevaban como los caracoles la casa a cuestas.

La calle principal era de adoquines. A ambos lados había humildes casitas rústicas de piedra, como suele ser lo habitual en un pueblo de campesinos, pero todas adornadas con macetas con flores en sus ventanas. A primera vista el poblado medieval les resultó precioso, y paso a paso llegaron hasta la fuente, situada junto al antiguo lavadero del pueblo. Descansaron y llenaron sus cantimploras para luego dirigirse a casa de la amiga. Pronto la encontraron. Llamaron con timidez a la puerta, y para su sorpresa fue ella misma quien les abrió y los recibió con los brazos abiertos.

Ángeles era una persona muy acogedora y cálida, todo corazón. Tenía una sonrisa entrañable, reflejo de la gran experiencia de su vida. Les invitó a entrar, cenar, y más tarde los alojó en la casa de visitantes. Se trataba de una vivienda antigua que en su día fue la escuela del pueblo y que ahora se había convertido en el centro de encuentro del grupo.

En aquel lugar del Piamonte, Adriana y Sergio se sintieron a gusto por primera vez en lo que llevaban de viaje. Le comentaba a Sergio: «Me siento como si hubiéramos llegado a casa. Aquí nos han dado una habitación para los dos, lo que significa que nos han acogido como pareja, y esto me llena de satisfacción». Felices, se acomodaron y descansaron.

En esta comunidad cada familia vivía en su propia casa. También había miembros itinerantes de otros pueblos y ciudades de Italia que venían solo a los encuentros comunales. Los miembros del grupo se encontraban al mediodía para comer juntos y compartir en la casa comunitaria. Era frecuente que se alargara la sobremesa con largas conversaciones en las que se intercambiaban experiencias, se contaban los proyectos del día, las inquietudes de los visitantes y otras informaciones como los cinco puntos de Ernesto.

Adriana escribía en sus memorias:

> «Vivimos unos días intensos en los que aprendimos mucho del proyecto de Ángeles y de una nueva visión

del hombre desde su plenitud. El diálogo era interesante, a veces acalorado y siempre muy rico. Ángeles se reunía con nosotros cuando podía y nos explicaba paso a paso su proyecto.

En el tiempo que estuvimos con ella la sentimos muy cercana y cariñosa. Pronto nos conoció a la perfección y después de escucharnos con atención, nos ayudó a reorientar nuestros proyectos personales.

Uno de sus lugares favoritos era el bosque que quedaba cerca del pueblo. Hicimos varios paseos. Una tarde mientras caminábamos nos reveló su experiencia mística. No era frecuente que hablara de ello por esa época, pues estaba más centrada en la realización del proyecto concreto de la comunidad, pero esa tarde ocurrió y nosotros escuchamos embelesados.

Mientras hablaba sus facciones quedaban traspasadas por una luz divina que nos envolvía también a nosotros. Todo vibraba de una forma especial. Sus palabras desprendían el eco de algo muy real que ella había palpado cuando era una niña. Su ceño, que asiduamente estaba fruncido, ahora permanecía relajado, como si sus preguntas encontraran respuestas y nada incoherente asomara a su mente. Desprendía bondad y visión.

Ángeles era vidente y, como ocurre con las personas que poseen este don, el reflejo que viene de otro plano se queda grabado para siempre en el aura de su persona. Su mirada sigue transformándose con ella. En su corazón queda la huella y el anhelo de esa experiencia para siempre. Es algo que pertenece a otra dimensión y que en algunos momentos muy especiales se enfoca de nuevo, llegando a sentir la experiencia vivida tan cercana como entonces, trascendiendo los límites del espacio y el tiempo».

Aquellos días pasados en compañía de Ángeles y su grupo fueron muy enriquecedores para nosotros. Participamos de una nueva visión de la vida comunitaria diferente a la que habíamos vivido en la Casa del Reloj del Sol. Ellos crearon una cooperativa de agricultores y ganaderos en la zona que surgió cuando se casó Ángeles y alguien le regaló una vaca. Fue el detonante para que naciera la cooperativa. Así consiguieron la realización del intercambio de productos entre el campo y la ciudad, creando a la vez una red de solidaridad con los miembros, así como con amigos y también con los amigos de sus amigos.

Además de lo que giraba en torno a ellos, el discurso de Ángeles se mostraba enraizado en la experiencia personal que ella había captado de sus encuentros con María en el bosque, y que deseaba ahora comunicar a la humanidad.

Durante quince días compartimos tertulias con ellos que nos aportaron una nueva visión del mundo. Resultaron ser jornadas de verdadero aprendizaje a nivel intelectual que nos marcó en nuestro andar por el mundo.

En el tiempo que vivimos con ellos, Sergio y yo ejercimos de cocineros de la comunidad, preparando a diario los alimentos para todos. Confieso que resultó un éxito, en especial con la tortilla española, que tuvimos que repetir varias veces a la semana. Nos encargaron también el oficio de pintores de la casa donde nos alojábamos. Era grande y sudamos la gota gorda, si bien trabajamos con enorme satisfacción, pues queríamos contribuir con nuestro granito de arena en este feliz intercambio.

Tengo un recuerdo especial de una persona de la comunidad llamada David. Vivía en una casita del pueblo con su familia. Con un gran sentido del humor, estaba pendiente de la broma oportuna que distendiera si existía alguna tensión en el ambiente. David era todo un payaso que conseguía que solo al verlo te rieras sin más. Nos resultó un personaje entrañable y le cogimos mucho cariño, con él todo era más divertido.

Después de dos semanas compartiendo con estos amigos llegó el día de despedirnos y continuar ruta. Dejábamos detrás una gran familia. Con ella se quedaba un pedacito de nuestro corazón y el propósito de encontrarnos de nuevo algún día.

Al volver al camino resonaban en mi interior los versos del querido poeta Antonio Machado, que tan sabiamente escribió:

Caminante, son tus huellas
el camino y nada más.
Caminante, no hay camino,
se hace camino al andar.
Al andar se hace el camino,
y al volver la vista atrás
se ve la senda que nunca
se ha de volver a pisar.

CAPÍTULO 14

VENECIA. SUEÑOS ROTOS

Estaban de nuevo en la carretera cargando sus mochilas mientras hacían autostop. El destino más próximo era Florencia. Se lo tomaron con calma, no tenían prisa. Esa noche iban a dormir en la casa de unos amigos de la comunidad con los que habían contactado por teléfono y que los esperaban. Antes de partir, Ángeles les entregó una lista de contactos en toda Italia donde podrían hospedarse sin problema y tener la oportunidad de conocer a la comunidad itinerante. Eran gente especial con la que seguir el diálogo.

Adriana siempre había soñado con visitar un día Venecia. Llegaron a esa ciudad después de convivir un par de días con Carmen y Bruno, dos artistas de Florencia. Iban a tener la oportunidad de conocer la ciudad. Ella estaba enamorada de Venecia desde su época de adolescente. Como tantas jóvenes, imaginaba un romántico paseo en góndola con su amado. Navegar por los canales y contemplar el atardecer desde alguno de sus puentes mientras las palomas revoloteaban sobre sus cabezas. Eran imágenes idílicas con las que soñaba despierta y que fueron alimentadas por las películas que veía en esa época en el cine Capitol de su pueblo.

Mas los sueños distan mucho de la realidad en la mayoría de los casos. Cuando llegaron a Venecia había agua alta, no paraba de llover y resultaba complicado pasear por sus calles. La plaza de San Marcos parecía una piscina y solo se podía caminar sobre unas tarimas de madera que habían colocado para poder acceder a la basílica, pues de lo contrario el agua le hubiera llegado al cuello a los visitantes. Dentro de la iglesia todo estaba inundado, así que no pudieron entrar. Esperaron varios días a que bajara el agua para poder apreciar la preciosa basílica bizantina y pasear por la bella ciudad veneciana.

Al fin salió el sol y recorrieron sus calles, aunque nada de paseos románticos como había soñado Adriana. Tras los meses de estrecha convivencia comenzaron a surgir las primeras desavenencias. En esos momentos tuvieron que aprender a convivir con la sombra de cada uno, algo difícil pero necesario para afrontar el día a día. Lo curioso fue que esto ocurría justo en la ciudad más romántica del mundo. Los acariciados sueños de Adriana se hicieron añicos.

En el fondo era comprensible. Ambos habían llegado a los treinta años viviendo a su aire y sin tener una convivencia estrecha con nadie. Ahora había que adaptarse a los gustos y manías del otro, lo cual era un proceso lento, y lo agravaba el que pasaran todo el día juntos. Adriana, tan perceptiva, intuyó que se avecinaba una tormenta. Así fue como hubo lágrimas en Venecia que derramó en silencio, escondida entre sus canales con la frustración de percibir su fantasía rota. Comprendió que en ocasiones es mejor no tener expectativas, porque como dijo Calderón: «los sueños, sueños son».

En Venecia se alojaron en casa de Antonia, que vivía en un barrio llamado Espínea, situado a las afueras de la ciudad. Era una mujer brava, como dirían los italianos. Le gustaba estar acompañada y compartir con quien tocase a su puerta. Los recibió con mucho cariño y en pocos días les presentó a su grupo del Véneto. Eran trabajadores en un barrio obrero donde luchaban por la dignidad y la solidaridad de las familias.

La estancia en Venecia se prolongó más de lo previsto. Adriana tuvo un percance en un pie y requirió reposo de varios días. Cuando hablaron de partir Antonia les propuso buscarles trabajo y que se unieran a su proyecto cooperativo, podían seguir compartiendo casa hasta que apareciera otra libre en la zona. Fue una propuesta interesante y tentadora. Sergio respondió entusiasmado:

—Adriana, es una gran idea. Aquí podemos empezar una vida juntos; y además, siendo Italia, conoceremos otro país y otra cultura.

—No lo veo tan claro —respondió ella—. Me resulta demasiado drástico ahora mismo un cambio de lengua, de familia, de entorno, y al fin y al cabo seremos emigrantes. Además, yo necesito llegar a casa, ver cómo está mi familia, quedarme un tiempo con ellos. Después de lo ocurrido con la muerte de Pedro no puedo prolongar más mi estancia aquí. No es mi momento.

Acordaron retomar ese proyecto más tarde, cuando todo se hubiera normalizado. El día antes de la partida hicieron una cena de despedida con sus nuevos amigos. Madrugaron para continuar la siguiente etapa del viaje, que los llevaría esta vez a Roma, la ciudad eterna.

Tenían ganas de conocerla, tanto por el arte que encierra, que la convierte en un verdadero museo en la calle, como por ser el centro del cristianismo. Siempre les fascinó conocer de cerca los frescos de la Capilla Sixtina, pasear por la vía Apia admirando sus ruinas, deambular por sus calles y plazas o acercarse a sus hermosas fuentes, en especial a la Fontana de Trevi, tan famosa después de la película *La dolce vita*. Estaban deseosos de descubrir los secretos que esta ciudad milenaria encerraba.

Adriana anotaba en su diario detalles tras la llegada a Roma, cuando estaba a punto el anochecer.

***

Nos apresuramos hacia la dirección que nos había recomendado Antonia. Hablamos con nuestros nuevos anfitriones por teléfono y nos comentaron que se ubicaban en un barrio de las afueras, en una parroquia que llevaba un cura joven amigo del grupo. Cuando al fin llegamos, después de dar muchas vueltas, nos recibieron con amabilidad. En ese momento se encontraban allí algunos jóvenes que celebraban una fiesta, nos invitaron a cenar y compartimos mesa. Éramos como una familia. Después de las presentaciones nos sirvieron unos deliciosos espaguetis recién hechos al estilo romano.

Disfrutamos de una cena cordial en la que hubo risas, chistes y conversaciones que nos resultó difícil seguir, pues la forma de hablar de los romanos era bastante diferente del acento del Véneto, de donde veníamos, ya convencidos de que sabíamos el idioma. Alguien comentó que en Roma es peculiar la forma de expresarse. Por lo visto, tienen un dialecto propio llamado romanesco, que es una mezcla de acento toscano e italiano estándar. Solo logramos entenderlos un poco gracias a lo mucho que gesticulaban, pero los diálogos fluían rápidos. Nos limitamos a sonreír y empatizar con ellos. Terminada la cena nos fuimos a dormir y los dejamos con su fiesta. Veníamos cansados del viaje.

A la mañana siguiente, ya recuperados, hicimos nuestra entrada triunfal en Roma, en el Vaticano. Era el día primero de noviembre, festividad de Todos los Santos. La plaza de San Pedro estaba abarrotada. Cuando llegamos empezaban a sonar las campanas; la gente aguardaba a que el papa se asomara a su ventana para el rezo del ángelus y recibir la bendición. Tal gesto es muy antiguo en algunas tradiciones, siendo una forma de desear suerte y bienestar. También nosotros aceptamos aquella bendición como un signo visible de augurio en nuestro camino, realizado por una Iglesia que nos quedaba grande y que en algunos casos nos había rechazado. Probablemente como les ocurriera un día a tantas de las mujeres y hombres de los que hoy exhibían sus reliquias en los diferentes altares de la Basílica de San Pedro.

Al día siguiente nos propusimos visitar el Vaticano. Nos advirtieron nuestros anfitriones de que llegásemos muy temprano para evitar grandes colas, y así lo hicimos. Pero a pesar de todo lo que madrugamos, nos encontramos con que había ya mucha gente, aunque la espera resultó muy animada. Allí se entablaban relaciones con facilidad. Nos presentábamos y contábamos nuestras batallitas, además de comer y reírnos con los más simpáticos, que hacían de payasos. Estuvimos entretenidos hasta que al fin llegamos a la puerta de entrada.

Una vez allí seguimos la ruta de interminables pasillos con tapices y obras de arte que poco o nada nos interesaban, hasta que llegamos al fin al corazón del Vaticano: la Capilla Sixtina. Quedamos impresionados ante tanta belleza. Todo era más grandioso de lo que habíamos imaginado y visto en reportajes. No salíamos de nuestro asombro ante la maravilla de esta genial obra de Miguel Ángel Buonarroti. Me preguntaba cómo pudo pintar tan alto y con tanta perfección. La nitidez de los colores azules era impresionante y el realismo de las imágenes me hacía sentir como si estuviera transitando aquel cielo. Fue asombroso lo que consiguió en una época en que los medios eran mucho más escasos que en la actualidad. Sin duda tenía la belleza grabada en su alma. Me encantó esta historia que me contaron sobre él, de que siempre, antes de realizar una escultura, se dirigía a la piedra de mármol que quería trabajar y le preguntaba: «¿Quién eres? ¿Quién eres?». Inquiría una y otra vez hasta que obtenía la respuesta, para luego sacar de la materia esa forma. En todas sus grandiosas obras, *La piedad*, *el Moisés* o *el David*, trataba de descubrir lo que escondía la piedra.

Durante el tiempo que duró la visita estuvimos muy atentos. No queríamos perdernos ningún detalle de aquella bóveda que lucía como recién pintada. A pesar de sus cinco siglos de historia y la vida que forjó, el autor parecía aún latir en ella.

El tiempo se nos hizo corto admirando tanta grandeza. Nos obligaron a salir. La duración de la visita estaba limitada para facilitar que todos pudieran entrar. Con gran pena abandonamos la sala, con el propósito de volver otro día mientras estuviéramos en Roma.

Después de la Capilla Sixtina, la visita continuaba por todos los tesoros del Vaticano; las tumbas de los papas y la gran basílica de San Pedro. Al contemplar el derroche de joyas en la iglesia nos sentimos mal. Aquello no era arte, era otra cosa. Tanto lujo y ostentación, así como tesoros custodiados por guardias y vigilantes, nos alarmó, era más un reino que una comunidad cristiana.

Nuestros pequeños corazones no podían encajar tanta riqueza material; sentíamos que era lo más contrario al espíritu de Jesús de Galilea. Sergio comentó:

—¿Dónde está la iglesia de los pobres, la de los sintecho? En este palacio no hay lugar para ellos. Es imposible entre tanta pompa y boato. La Iglesia no puede ser un Estado; esto es contrario al mensaje evangélico.

—Estoy de acuerdo contigo —respondí—. A mí también me decepciona. Me produce mucha pena y dolor ver cómo el poder se ha unido a la Iglesia, apresándola en tantos años de historia.

Ese día tuvimos que consolarnos mutuamente. Decidimos que cuando dejásemos Roma tendríamos que visitar Asís para reencontrarnos con la simplicidad de san Francisco. No en vano compartíamos los mismos sentimientos que él, cuando un día decidió visitar descalzo la ciudad de Roma.

En nuestra estancia en la ciudad eterna anduvimos por todos los rincones. Cada noche al volver a casa estábamos rendidos. Allí nos esperaba un plato de espaguetis; siempre sobraban y había que acabarlos. A las horas en que solíamos llegar no veíamos a nadie, pero nos dejaban los espaguetis en la mesa, motivo por el que bromeábamos durante el día entre nosotros. «¿Qué cenaremos esta noche?, adivina». A pesar de hartarnos de pasta, no por eso dejamos de valorar el alimento de cada día, al igual que al grupo que tan bien nos acogió y que fue tan generoso con nosotros. Nos sentimos agradecidos por su hospitalidad durante la semana de la visita en Roma. Nunca nos pidieron nada a cambio. El día antes de nuestra partida, nos esforzamos por coincidir a la hora del desayuno para despedirnos. Nos animaron a visitar Asís y nos indicaron cómo llegar.

Tomamos el tren en la estación Termini, una parada que se encontraba a pocos kilómetros del lugar donde vivíamos. El trayecto hasta Asís era corto, dos horas y media aproximadamente. Fue curioso que al subir al tren rumbo a Asís sentimos que dejábamos atrás la Iglesia como institución, la cual tanto nos pesaba a nosotros y a la mayoría de los cristianos. Pronto cambió el paisaje. Nos fuimos adentrando en la Umbría, en hermosos campos con mucho verde y árboles. Desde el tren descubrimos pequeños pueblecitos en los que predominaban las casas de piedra. Llegando a Asís ya se respiraba un aire nuevo. Sus calles continuaban empedradas como antaño, con un aspecto encantador de pueblo medieval que además conservaba la simplicidad y belleza de la época casi intacta.

La presencia franciscana nos cautivó enseguida. Encontramos la sobriedad que creíamos que debía caracterizar a la Iglesia. Respiramos otros aires que no sentimos en ningún lugar de los que visitamos en Roma. Nuestros corazones se expandieron con la hermana pobreza. Paseamos por las calles sin prisa, recreándonos en cada rincón. Llegamos a la Basílica de San Francisco, situada en el centro del pueblo. La iglesia tiene dos plantas. Un fraile franciscano nos explicó que una simboliza el recogimiento y la penitencia, y la segunda el esplendor de la gloria.

Estuvimos largo rato en silencio captando la energía del lugar. Nos parecía cercana su presencia entre aquellas piedras en las que imaginábamos a Francisco despojándose de todos los bienes de su padre, sintiéndose libre de posesiones para dedicarse a su obra. Luego subimos a la parte alta y admiramos las pinturas de Giotto y todo el conjunto monumental franciscano, hoy reconocido por la Unesco como patrimonio universal de la humanidad.

Al amanecer siguiente nos dirigimos a San Damiano. Es un pequeño templo que se encuentra en la parte más baja del pueblo, y fue el lugar donde Francisco escuchó la voz que le pedía: «Reconstruye mi iglesia». En su época era una pequeña capilla en ruinas que él consiguió levantar con sus propias manos, piedra a piedra, ayudado más tarde por sus primeros seguidores. Aquella pequeña ermita en ruinas encerraba la metáfora que vivía la Iglesia en esa época, y que contaminada por el poder amenazaba ruina.

San Damiano ha sido reconstruida en varias ocasiones. En la actualidad está bien conservada, respetando su arquitectura primitiva. Este lugar fue el centro de nuestra visita a Asís y nos tocó el corazón. Sentimos que las viejas piedras que permanecen en la iglesia aún entonan la canción del pobrecillo de Asís:

> Un hombre simple,
> lleva en su corazón un sueño,
> con amor y humildad podrá construirlo,
> primero una piedra, después la otra lejos llegará.
> Si tienes fe y consigues vivir humildemente,
> muy feliz tú serás,
> aunque no poseas nada.

Esta canción quedó inmortalizada en la película de Franco Zeffirelli *Hermano sol, hermana luna*. Las piedras nos trasmitían ese mensaje como si el tiempo no hubiera pasado. Decidimos quedarnos allí en silencio todo el día, como un pequeño retiro que nos permitiera comprender con nitidez lo que el lugar tenía que decirnos. Nos resultaba entrañable estar allí, en aquel lugar que cambió la historia de la Iglesia en la época de la Edad Media.

Al anochecer asistimos a una celebración en grupo que habíamos visto anunciada. Fue una ocasión para conocer a algunos de los habitantes actuales de Asís y compartir andares. Ellos nos hablaron de Spello, un pueblo abandonado que se encontraba relativamente cerca, en el que vivía una comunidad que actualmente encarnaba el verdadero espíritu de pobreza y simplicidad de san Francisco. Fue creada por Carlos Carreto, un hermanito de la fraternidad de Carlos de Foucauld. Nos explicaron que era lo más parecido a los orígenes que se conservaban entre todas las comunidades que habitaban en el entorno de Asís. Sabíamos que era eso lo que estábamos buscando y decidimos ir a visitarles. Nos informaron de que tenían acogida, a la vez que nos dieron toda la información para llegar al lugar.

Sin pasar por alto la oportunidad que nos brindó el camino y concluida nuestra visita nos dispusimos a llegar a Spello. No estaba lejos, aunque sí tropezamos con el inconveniente del difícil acceso. No había carretera y el autobús hacía parada en el pueblo de al lado, así que probamos con el autostop. Hubo suerte y nos dejaron lo más cerca posible, a pesar de que tuvimos que andar unos cinco kilómetros por caminos de cabras, entre piedras y derrumbes.

Al llegar a Spello encontramos un pueblo deshabitado y casi en ruinas. Sus calles viejas y empedradas se hallaban en mal estado. La mayoría de las casas se veían derruidas por el tiempo y el abandono. Otras se estaban reconstruyendo. Una de ellas, la que parecía más o menos habitable, nos llamó la atención, y allí fuimos. Tocamos en la puerta con timidez y al instante, desde dentro, una voz potente que parecía que atravesaba las montañas del desierto nos gritó: «*¡Entrate, entrate, fratelli!*».

El sonido grave y cordial nos resonó dentro, así que empujamos la puerta de madera gruesa y antigua y conseguimos abrirla entre los dos. Al otro lado vimos a un señor mayor sentado enfrente de la puerta. Llevaba en la mano un bastón, por lo que nos dirigimos hacia él para no obligarlo a levantarse. En ese instante comprendimos que era el mismísimo Carlo Carreto. Su rostro sonriente era fácil de reconocer.

Tenía una luz especial. Al acercarnos percibimos a un hermano cercano que nos acogía de corazón. Nos sentimos felices de sentarnos a su lado. Además de estar mayor, nos comentó que había tenido un accidente y sufrido varias operaciones.

A Carlos Carreto ya lo conocíamos Sergio y yo desde nuestra más temprana juventud. Era un escritor del que habíamos leído sus libros, que nos alimentaron en el desierto de la vida. Tenía un estilo claro y trasparente que entusiasmaba a los jóvenes de nuestra generación. Recuerdo casi todos sus títulos, aunque uno en especial, *Cartas desde el desierto*, fue el que más me impactó. Es una obra que describe maravillosamente las noches en el desierto, donde hasta los grillos enmudecen entre el cielo y la arena. Sentados a su lado lo escuchábamos emocionados. Nos entregamos a una larga conversación con él. Le contamos que habíamos leído sus libros y que nunca imaginamos que tendríamos la oportunidad de conocerlo en persona. Nos preguntó cómo llegamos hasta ese lugar tan perdido en la nada y le narramos nuestra experiencia en Roma y la visita a Asís. Le hablamos también de nuestra aventura en el camino de la vida, cuándo nos conocimos y el punto en el que nos encontrábamos. Él nos escuchó atento. Después nos ofreció una visión muy certera de lo que tendríamos que resolver en el futuro. El encuentro concluyó con un regalo. Un libro para cada uno de sus últimas publicaciones. Eran ejemplares que en España todavía no conocíamos. Uno titulado *María*, y el otro *Yo, Francisco*. Con una dedicatoria muy especial y firmados de su puño y letra, son libros que conservamos a pesar de los años.

Todo bullía en aquella comunidad. Mientras transcurrió nuestra charla habían preparado el almuerzo y nos invitaron. En pocos minutos la sala se transformó en un comedor y, antes de empezar, Carlos hizo una simple y hermosa bendición de la mesa agradeciendo que hubiéramos llegado a su casa. Luego nos presentó al resto de los miembros allí congregados, así como a otros visitantes que llevaban un tiempo entre ellos. Éramos alrededor de doce personas compartiendo un almuerzo frugal y muy ameno. La alegría parecía el distintivo de la comunidad. Todos los presentes reían como chiquillos, con esa sencillez especial que tienen quienes viven en la confianza.

Después del café nos dirigimos al lugar donde instalarnos. Había algunas tiendas de campaña, si bien a nosotros nos asignaron una habitación que estaba a medio construir. Tenía techo y las paredes estaban todavía siendo reparadas. Las camas eran literas de madera y en la habitación nos alojábamos varias personas; todo era pobre y rustico, algo que nos encantó. Vivir esos días de mano de la hermana pobreza era nuestro deseo desde que llegamos a Asís.

Pasados algunos días experimentamos la dureza de ducharnos con agua fría, casi helada. El tiempo era otoñal, con mucha niebla y frío por las mañanas. Pero nada nos molestó demasiado, queríamos experimentar el espíritu de san Francisco y todo esto era como un regalo que se nos daba en nuestra estancia allí.

La vida comunitaria en Spello empezaba a las tres de la madrugada con la adoración en la capilla, tal y como hacía Carlos de Foucauld en el desierto. Había que madrugar y salir de los dormitorios atravesando el patio hasta el lugar donde se hallaba situada la capilla. El trayecto en mitad de la noche nos hacía tiritar de frío, pues el aire estaba helado a esas horas de la madrugada y no disponíamos de ropa de abrigo suficiente, pero fuimos capaces de soportarlo. En la capilla con los cantos nos acabábamos de despertar, y después de un largo silencio volvíamos a la cama hasta la hora del desayuno.

Carlos Carreto, a pesar de ser un hombre ya de edad avanzada y caminar con bastón, tenía un paso ágil. Llegaba el primero. Era el alma de la comunidad y su experiencia en el desierto marcaba el ritmo diario de todo el grupo. Fue una semana de verdadera interiorización y meditación, lo cual agradecimos y nos vino muy bien para las etapas siguientes del viaje.

Una mañana nos despedimos de Spello con pena, sabiendo que nos acompañaría para siempre en nuestro corazón. Había sido una experiencia única. Un viaje en el tiempo. Nunca pensamos que encontraríamos a un san Francisco de carne y hueso, y mucho menos a una comunidad tan parecida a la suya en nuestros tiempos.

Ese día la niebla era más densa que de costumbre y tan baja que no veíamos el camino más allá de nuestras pisadas. Extremamos la atención al andar por las piedras sueltas para no caernos. Después de avanzar un tramo con cierta dificultad, nos detuvimos y miramos hacia atrás creyendo poder despedirnos visualmente de aquel lugar tan entrañable. No se veía nada. El pueblo había desaparecido ante nuestros ojos. La comunidad entera permanecía envuelta por la niebla, ofreciendo un aspecto misterioso y simbólico. Spello era un sueño hecho realidad por Carlos Carreto en su versión de Francisco, quien, dejando todas las comodidades de su orden, había dado forma a la vida simple y sencilla como hiciera el santo un día. En pleno siglo veinte esto era tan insólito que nos pareció que tenía mucho que ver con la niebla que lo cubría todo en esa mañana de la partida.

Volvimos a la carretera, pero esta vez con la idea de dejar Italia para tomar rumbo a España. Nos acercábamos al final del viaje de regreso, todo dependía del tiempo que tardásemos en recorrer la distancia que teníamos por delante, dejar

Italia y entrar en España estaba sometido a la suerte en la carretera. Fue un trayecto que hicimos de un tirón, y cuando al fin cruzamos la frontera, tuvimos la gran satisfacción de estar ya en casa. Pisamos suelo español en La Rioja. Desde allí nos dirigimos al País Vasco y tomamos la carretera en dirección a Bilbao. Pero aquí sí que se complicó lo del autostop. Estuvimos horas tirados en la carretera. Nadie nos paraba, siendo esta la etapa más dificultosa. Los coches pasaban de largo, había miedo en el ambiente. Tuvimos una sensación rara y comprendimos que la cercanía al País Vasco era el motivo. Era una posibilidad que nos imaginaran etarras por la barba y el pelo largo que llevaba Sergio. Otros podrían pensar que éramos soplones... Así fue como aterrizamos de lleno en el drama que se vivía en Euskadi. El autostop exige un mínimo grado de confianza para recoger a personas desconocidas en tu coche, sabíamos que eran tiempos muy difíciles para todos, tanto vascos como no vascos.

Después de horas tirados en la carretera sin ningún resultado, optamos por el tren con el objetivo de llegar a Bilbao antes del anochecer. Era muy antiguo y lento, pero más económico que el rápido.

Al fin en Bilbao, esperábamos encontrar una ciudad llena de luz y color. En cambio, encontramos una localidad envuelta en una niebla espesa que le daba un aspecto oscuro y denso. Una chica que también venía en el tren nos contó que la situación era provocada por el humo de las fábricas enclavadas en los alrededores, que contaminaban el aire ofreciendo ese aspecto de ciudad gris y triste. Nos resultó un contraste brutal y nos pareció lamentable.

Después de este primer impacto, nos apresuramos en un paseo por el centro buscando una cabina telefónica para llamar a nuestros hermanos vascos. Respondieron pronto y nos citamos en una calle céntrica de la parte vieja de Bilbao, donde había muchos bares. Mientras esperábamos, nos llamaban la atención los escaparates, que estaban repletos de pinchos vascos, así como de botellas de chacolí, un vino blanco que se produce en esa región. La bebida no nos atraía, pero los pinchos y los olores nos abrieron el apetito, pues durante ese trayecto apenas habíamos comido.

Cuando vimos desde lejos a nuestros compañeros de la comunidad del Reloj del Sol que se acercaban, nuestro corazón saltó de alegría como si no hubiera pasado el tiempo. Felices de aquel reencuentro y tras abrazarnos, nos fuimos a probar los pinchos. Aroa estaba muy unida a nosotros. Habíamos compartido muchas vivencias de una manera continuada y todo el amor que nos teníamos resurgió de nuevo. Ocurrió lo mismo con Eugenio, con quien nos volvimos a ver unos días más tarde en una cena con su familia. Durante las jornadas que pasamos juntos pudimos compartir nuestras experiencias, renacieron las anécdotas que habíamos vivido en el tiempo idílico de la comunidad. Reímos mucho al recordarlas.

En la estancia en el País Vasco nos alojamos en un caserío que nos consiguió Aroa, ubicado en un pueblo llamado Amurrio. Desde allí pudimos hacer un poco de turismo local, paseando por lugares muy verdes y bonitos. El día antes de partir cenamos en casa de Eugenio. Fue una cena a la vasca. Alimentos muy ricos, pero nos resultaban demasiados. No estábamos acostumbrados a comer tanto. A pesar de ello, tuvimos que probar todos los platos para poder contentar a los cocineros, que eran en este caso los padres de Eugenio. Aquella abundancia era más de lo que nosotros comíamos en una semana, si bien aprendimos lo que supone una cena a la vasca: comer hasta reventar.

Después de esos entrañables días en el País Vasco, volvimos de nuevo a la carretera para realizar la última etapa del viaje. Esta vez rumbo a Barcelona, desde donde pasados unos días partiríamos cada uno a ver a nuestras familias. El encuentro en Barcelona era el más esperado. Allí residían la mayoría de los compañeros que, al dejar la comunidad, optaron por vivir en varios pisos del barrio periférico de Verdún. Todos habían encontrado trabajo, por lo que tuvimos que esperar al fin de semana para poder vernos. Quedamos el sábado siguiente a nuestra llegada y planeamos un día de excursión por la montaña, como en los viejos tiempos.

El encuentro fue entrañable. Vernos de nuevo, abrazarnos y vivir este día juntos llenó la jornada. A la hora de comer nos sentamos en círculo como antaño y aprovechamos para escucharnos y ponernos al día. Fue un espacio donde cada uno pudo comunicar las experiencias vividas durante ese tiempo de transición que había transcurrido.

Después de escucharnos, constatamos que en general nos resultó difícil volver al mundo del que nos habíamos alejado años atrás para ir a vivir a la comunidad. Encontramos que todo seguía igual de competitivo y agresivo en esta sociedad capitalista. El hecho también de vivir en la ciudad entre ruidos y contaminación era una dificultad que nos suponía un esfuerzo mayor. Añorábamos la naturaleza, el ruido de los árboles cuando les da el viento, el canto de los pájaros y la vida serena que teníamos en la comunidad del Reloj del Sol.

Entre nosotros nada había cambiado. Nos seguíamos sintiendo hermanos del alma y los lazos se estrecharon aún más en este encuentro. Sergio y yo pudimos compartir a fondo la experiencia del viaje, sintiéndonos escuchados y respetados. También les narramos lo aprendido de la comunidad de Ángeles, en el norte de Italia. Los animamos a visitarla en alguna ocasión. Consideramos que era importante que conocieran otras alternativas.

Con la puesta de sol nos despedimos con el firme propósito de escribirnos a menudo y seguir compartiendo la vida, ahora salvando las distancias.

CAPÍTULO 15

LA FAMILIA

A finales de noviembre la Navidad empezaba a asomar en los escaparates de las tiendas. Las calles comenzaban a mostrar sus adornos y luces. Todo se preparaba para la llegada de la fiesta más importante del año. Yo me encontraba en Barcelona, deseando regresar a casa de mis padres, como el turrón que vuelve por Navidad. Se notaba ya el frío invernal y tuve que abrigarme bien. Los hermanos me dejaron lo necesario: bufanda, guantes y anorak; prendas que no suelo usar en Canarias y que, nada más aterrizar, se van a la maleta para el próximo viaje a la península.

Apuramos el paso por la larga cinta trasportadora del aeropuerto de Barcelona hasta la puerta de embarque. Era el momento de despedirnos. Sergio estaba serio y nervioso; éramos conscientes de que solo Dios sabía cuándo volveríamos a reencontrarnos. Esta etapa del viaje había terminado. Tocaba asimilar lo vivido y situarnos en la realidad de nuestras vidas antes de tomar nuevas decisiones. Sobre todo para mí, en ese momento lo más importante era llegar a casa, ver cómo estaban viviendo la situación de duelo por mi cuñado, abrazar a mi hermana y a su hijo. Lo demás tenía que dejarlo al azar.

Durante las tres horas y media que duró el vuelo fui reviviendo los buenos momentos compartidos. Desfilaron por mi mente personas y lugares que nunca imaginé que conocería y que enriquecieron mi búsqueda personal. Una gran historia que contar un día a mis nietos. Me sentía satisfecha del viaje. Había aprendido mucho de las diversas experiencias y lugares que visitamos. Por otro lado, la convivencia tan cercana con Sergio me daba una idea clara de lo que implicaba plantearse la vida en pareja.

El avión tomó tierra. El sol lo llenó todo de luz y calor. Sentí de nuevo esa alegría que produce el vivir en un clima cálido. La energía solar tiene mucho que ver con el estado de ánimo y la forma de relación entre las personas. En Canarias, en la calle, en las plazas, en cualquier sitio, las gentes se comunican, se saludan, se preguntan, se miran a los ojos. En otras latitudes donde el sol no es tan protagonista, las relaciones humanas son diferentes. La temperatura era de veintiséis grados y el sol emergía de entre las nubes con una fuerza increíble.

Descendí del avión a pie en el aeropuerto de los Rodeos. Divisé tras los ventanales la silueta de mi madre, que agitaba su mano con emoción al verme. Siempre estaba esperándome. Es una imagen entrañable que vive en mi memoria y que años después de su partida rememoro cuando llego a ese aeropuerto. La imagino siempre tras los cristales esperándome. Mi madre era lo más entrañable de mi vuelta a casa. Ella era la tierra que ha sostenido mis pies en los andares de la vida. Aceleré mis pasos y me embargó la emoción. Juntas nos fundimos en un abrazo interminable. Fue entonces cuando un llanto incontenible me surgió al estrecharla contra mi pecho, unas lágrimas que tenían tintes de muerte y luto por la reciente pérdida de Pedro.

Fueron días de volcarme en la familia, escuchar, consolar y dedicarme a mi sobrino, que apenas tenía tres años. Improvisé juegos, lo llevaba de paseo. Trataba de mantenerlo lejos de la madre, que se encontraba en un estado de depresión profunda. No fue fácil con Yonathan. Estaba muy apegado a mi hermana y costaba separarlo de ella. Pero pasados los primeros momentos, conseguí que se sintiera seguro conmigo.

Me quedé con ellos un tiempo. Cuando las cosas empezaron a ir mejor y el duelo se integraba, decidí incorporarme a mi vida en la otra isla. Estábamos muy cerca y en principio vendría un fin de semana cada mes hasta que la situación de Conchi se normalizara. Retomé mi tratamiento con nuevas visitas a los distintos terapeutas. En esos días compartía casa con mi amigo Matías. La convivencia era distendida entre nosotros. Existía un gran respeto y admiración y nos reíamos mucho. También había tiempo para sentarnos juntos a meditar y compartíamos cada día nuestras vivencias.

El mes de febrero es lindo para los chicharreros porque comienza con una fecha entrañable. Se trata de la fiesta de la Virgen de la Candelaria, patrona de Tenerife, que se celebra el día dos. Es un día festivo, y siguiendo la tradición acudimos al templo a recoger una vela que se mantiene encendida durante todo el día en la casa. También ese día tienen lugar las tradicionales caminatas que realiza la población y que se conocen como romerías o peregrinaciones. Los fieles caminan desde diversos puntos de la isla hasta la Basílica de Nuestra Señora de Candelaria, rindiendo homenaje a la patrona de Canarias para pedirle su protección. Existe una ruta muy antigua trazada por nuestros antepasados, en la que los romeros iniciaban el peregrinaje con el fin de llegar al pueblo de Candelaria el día señalado. En la actualidad la costumbre se ha recuperado y la han retomado las nuevas generaciones. Según la tradición cristiana es la fecha de la presentación del Niño Jesús en el templo. Es una fiesta solemne con la que se llega al final de la epifanía. Coincide también con el día en que se recoge el portal de Belén montado en Navidad, para guardarlo en sus cajas hasta el año siguiente.

Esa tarde festiva del dos de febrero casi al anochecer sonó el timbre. Matías, que estaba solo, escuchó estas palabras:

—¿Hay posada para un peregrino?

La voz le resultó familiar y tras unos segundos preguntó:

—¿Eres Sergio? ¡Claro que hay posada para ti, sube!

Se abrazaron con ese cariño de hermanos del alma que se profesaban.

—Adriana no está aquí —le informó Matías—, lo siento. Por la tarde tiene trabajo de terapia ocupacional con dos pacientes esquizofrénicos. No se demora mucho en llegar. Mientras tanto vamos a preparar la cena. Se quedará de piedra cuando te vea. ¡Menuda sorpresa!

Llegué a casa unas horas más tarde, alegre y cantarina como siempre, ajena a todo lo que se cocía. Al abrir noté algo raro en el ambiente. Matías lucía una sonrisa un tanto socarrona y aunque le pregunté el motivo, no me respondió. Eché un vistazo indagatorio al apartamento para adivinar a qué se debía su actitud, cuando reparé en una caja de cigarrillos Ducados que estaba encima de la mesa de la cocina. Nosotros no fumábamos, así que mi mente rastreadora se movió en segundos concluyendo que no teníamos amigos que consumieran esos cigarrillos y que no recordaba verlos en los estancos de Canarias. Solo los había visto en la península. Entonces casi supe que se trataba de Sergio y pregunté a Matías. Al escuchar que había sido descubierto, Sergio salió de su escondite diciendo: «¡Feliz fiesta de la Candelaria!».

Me abrazó tiernamente. No podía creerlo. Permanecimos durante un rato juntos entre lágrimas y suspiros, sin pronunciar palabra. Ese dos de febrero nuestras vidas se volvieron a unir.

La fiesta de la Candelaria solía traerme alguna sorpresa, pero esta no la esperaba para nada. Comenzó entonces una larga historia que duró muchos, muchos años. El catorce del mismo mes, día de san Valentín, nos emancipamos de Matías. Alquilamos una especie de buhardilla en San Nicolás, un barrio de chabolas cercano a la capital. Era lo que podíamos pagar en ese momento. La situación económica era complicada, pues no teníamos ingresos fijos y estábamos pendientes de encontrar trabajo. Solo disponíamos de los ahorros que Sergio había conseguido en Suiza. Yo, aunque estaba con lo de la terapia ocupacional, no tenía ingresos, ya que se trataba de un intercambio con las clases para pagar mi propio tratamiento.

Cuando nos dieron la llave, dedicamos varios días a pintar y adecentar el que sería nuestro primer hogar. Tenía una sola habitación con una pequeña ventana a la que se asomaban nuestros sueños. Daba a un patio común que compartíamos con otros vecinos, y en una esquina disponíamos de una minúscula cocina con un retrete al lado. Eso era todo. No había agua corriente; un grifo en medio del patio abastecía a los vecinos. Cuando había agua, que solía ser los lunes, solo llegaba un hilillo debido a la poca presión que traía al subir de la calle. Eso suponía tener mucha paciencia en llenar algunas garrafas de plástico para el uso doméstico durante la semana. Para cocinar y beber teníamos que comprarla.

Fue en esa época cuando pude localizar a Araceli, antigua amiga y compañera de trabajo. Coincidimos en la planta de medicina interna del Hospital Universitario General y Clínico de La Laguna, donde estudié y empecé a trabajar como enfermera. Cuando nos conocimos ella era médico residente y yo estaba recién licenciada. En la tercera planta, entre nosotras se creó una amistad cordial. Años más tarde seguimos rumbos distintos, pero siempre mantuvimos contacto y nos vimos en alguna ocasión. Hacía tiempo que sabía que vivía en Las Palmas, por lo que decidí buscarla ahora que las dos volvíamos a estar en la misma isla. No me fue difícil localizarla y al final nos encontramos y recordamos viejos tiempos. Fue un cordial encuentro. Hablamos de los años pasados, experiencias vividas, los nuevos proyectos y muchas cosas más.

Ella se había convertido en una profesional de la salud pública y, aunque estaba muy ocupada, comenzamos a vernos con cierta frecuencia. Araceli tenía un bonito piso en una zona céntrica de la ciudad y pasábamos tiempo con ella. Estaba atravesando una época difícil, por lo que decidimos estar a su lado y prácticamente nos trasladamos a su piso. En aquellos momentos para nosotros fue una suerte compartir casa. Podíamos darnos un buen baño y guisar en su hermosa cocina, que nada tenía que ver con la nuestra. Esto hizo que nuestra estancia en la calle Domingo Guerra del Río fuera más fácil. Allí, nuestro hogar de una sola ventana, por donde se asomaban los sueños, nos recibía cada día.

Junto a la alegría del encuentro y el comienzo de una vida como pareja, también llegó una época difícil motivada por los retos de cada día. Vivíamos con lo mínimo y se acababan los pocos ahorros que teníamos. ¡Había que encontrar trabajo! Estábamos en una situación muy precaria que, por otro lado, nos alegraba compartir con los pobres de la tierra, sintiéndonos en su misma piel. Sin embargo, en ocasiones la situación nos desbordaba y ponía a prueba nuestra capacidad de aguante. Así ocurrió el día que llovió tanto que el agua nos llegó hasta la cama. Era un simple tablón de madera que habíamos colocado sobre cuatro ladrillos con el colchón encima. Eso sí, bien coqueta. Teníamos una bonita colcha hindú regalo de Matías, y múltiples cojines. Siempre tuve claro que la pobreza no está reñida con la belleza. Pero esa mañana al poner los pies en el suelo el agua llegó hasta nuestros tobillos y estaba a punto de anegar la cama. Durante la noche oímos llover fuerte en algunos momentos, si bien no imaginábamos que el agua entrara directamente por la puerta como Pedro por su casa. Era vieja, tenía agujeros y no encajaba bien, mas nunca pensamos que diera problemas.

Ese día el agua entró por la puerta y por todos lados, y muy de mañana tuvimos que disponernos a achicarla durante varias horas. La noche siguiente fuimos a dormir con miedo a que se repitiera el desastre. Por eso tuvimos en cuenta las precauciones posibles, taponando con toallas y trapos viejos los agujeros. Por suerte no volvió a ocurrir. Era muy raro que lloviera tanto. Se trataba de una borrasca poco frecuente en Canarias. En la prensa de esos días informaron de que fue un fenómeno anormal, una gota fría que más que una gota fue un diluvio.

Todo comenzó a ir diferente cuando conseguí reincorporarme al trabajo en el hospital. Lo había solicitado hacía ya varios meses, tratando de recuperar mi antigua plaza de enfermera. Fue posible porque cuando en su día había decidido dejarlo todo para ir a recorrer mundo seguí el consejo de mi madre, quien me recomendó que solicitara la excedencia y no la baja total. «Algún día lo podrás necesitar». Y así fue como pude recuperar mi plaza de enfermera. Las cosas empezaron a ir mejor económicamente para nosotros.

Volví a los hospitales, algo que nunca pensé hacer cuando lo dejé. Al cobrar mi primer sueldo decidí que debíamos cambiarnos de casa. Araceli insistía mucho y nosotros también lo veíamos claro. Encontramos un apartamento en un lugar idílico en la primera línea de la playa de Las Canteras. Fue un gran cambio que nos dio la oportunidad de pasear junto al mar mientras esperábamos a nuestro primer hijo.

Y luego, la gran sorpresa. Él estaba ahí. Había entrado de lleno en nuestras vidas para inaugurar aquel año del ochenta y tres, en el que los asuntos económicos empezaban a ir bien y la situación se iba ordenando en nuestra vida de pareja. Otra novedad fue que Sergio, tras aprobar unas oposiciones a la sanidad pública, había encontrado trabajo en el hospital como administrativo. De pronto todo cambió. Podíamos vivir cómodamente y pagar las deudas contraídas en la época de las vacas flacas.

En nuestra nueva casa tuvimos el placer de recibir a mucha gente. Pronto se convirtió en un punto de encuentro para todos. Vinieron viejas amigas a visitarnos. Entre ellas María, de Alemania, mi alumna de español en Taizé con la que mantuve correspondencia siempre. Venía con una amiga a conocer a nuestro hijo, que ya entonces tenía tres meses.

El apartamento era pequeño, con una sola habitación, salón, cocina, baño y un balcón grande, con vistas al mar y en primera línea de playa. Estaba situado en la zona de la Peña la Vieja, un lugar emblemático de Las Canteras. María y su amiga se instalaron en el balcón. Les hacía ilusión dormir oyendo el rumor del mar y a nosotros nos pareció una idea genial dado lo pequeño del apartamento. El balcón estaba siempre libre, sobre todo por las noches. Ellas disfrutaron la aventura y teníamos más espacio para los tres. Con sus sacos de alta montaña y los aislantes térmicos que les dejamos dormían muy bien. El clima benigno de Canarias hace posible estas cosas.

La vida experimentó un gran cambio el día que nos trasladamos al apartamento de Los Lisos, situado en el número sesenta de la avenida de Las Canteras. La calidad de vida que ahora teníamos nos permitía disfrutar de cada amanecer desde el balcón, contemplar las mareas y las puestas de sol al atardecer. Estaba muy bien situado y tenía todo lo necesario cerca: el mercado, la playa, el paseo... No necesitábamos coche, así que usábamos el transporte público para ir a trabajar. Nuestro hijo, que nació en el camino de la libertad, se gestó allí, y sus primeros paseos transcurrieron en la avenida de la playa, dentro de su cochecito de bebé, donde se dormía de maravilla con el movimiento y el rumor del mar.

En la avenida había siempre mucho trasiego. Circulaban a todas horas turistas que llegaban de diversos destinos y se alojaban en los apartamentos que se habían construido en torno a la playa. Con normalidad eran estancias cortas de una semana o dos. Nosotros fuimos de los primeros que habitaron de manera fija en una zona de apartamentos turísticos. Hoy en día, por suerte, la gente de la isla ha tomado posesión del lugar comprando viviendas y se ha conseguido una población estable con la creación de la asociación Mi Playa de Las Canteras, destinada al cuidado y embellecimiento de la zona.

Cuando nació nuestro hijo la primera persona en visitarnos fue mi madre. Llegó a las pocas semanas. Estaba impaciente por conocerle. Pasó un tiempo con nosotros y cada noche le cantaba nanas con toda su ternura para dormirlo. Fue importante su visita. Éramos padres novatos con treinta años y sus consejos de madre sabia y experimentada fueron de gran ayuda.

También Araceli, nuestra querida amiga, compartió muchos y grandes momentos con nosotros. Estuvo presente en el parto y la nombramos madrina de nuestro pequeño.

Los amigos con los que nos encontrábamos cada semana nos visitaban con frecuencia. Se trataba de un grupo creado por mi amigo Ignacio y aspirábamos algún día a convertirnos en comunidad. Podríamos llamarlo el grupo de las tierras de Montaña Alta, donde se habían comprado unos terrenos para este fin.

Fueron tiempos felices. Disfrutamos de tener una casa y dejar atrás la chabola que fue nuestro primer hogar. Nos daba satisfacción poder recibir en ella a los amigos y familiares. El apartamento se ensanchaba cada vez que venía alguien a pasar unos días con nosotros. El suelo siempre tenía muchas posibilidades. Cuando era necesario sacábamos colchonetas y los alojábamos a todos.

CAPÍTULO 16

EL EMBARAZO

Los emotivos meses antes de nacer nuestro hijo fueron muy significativos para ambos. Estábamos pendientes de mi barriga, intrigados por los cambios. No teníamos idea de nada, así que recurríamos a los libros para saber del proceso que acontecía.

Al principio todo parecía en silencio en mi vientre. No tenía ningún síntoma, ni vómitos ni malestares. Solo las ecografías confirmaban que llevaba una criatura en mi seno. Así ocurrió hasta que una tarde, que estaba en el cine viendo la película de la vida de Gandhi, y justo en el momento de la escena del asesinato, me impresioné tanto que la criatura dio un vuelco en mi vientre. Lo sentí moverse por primera vez. Fue como si dijera: «Aquí estoy yo y no me gusta para nada lo que está ocurriendo en este mundo».

Resultó un momento muy emocionante. Es imposible describir ese conectar con la vida que latía dentro de mí. La experiencia me hizo llorar de alegría. Me encontraba en el cuarto mes de gestación. No pude contárselo a Sergio hasta más tarde, pues todo ocurrió en décimas de segundo y en medio de la película. Cuando se lo conté, él se quedó con magua, mas hubo otros momentos a partir de entonces en los que pudo sentirlo moverse y hasta dar pataditas.

La alegría de saber que nuestro hijo estaba allí, que daba señales de vida, y que desde entonces me acompañaría con sus golpecitos durante el tiempo que me quedaba de embarazo, fue una gran aventura que compartimos los dos. Nos pasábamos el día pendientes de cuando daba señales, para enviarle las nuestras. Esa comunicación era uno de los regalos de la maternidad que más feliz me hacía.

En el transcurrir del embarazo me resultaban increíble los cambios que se producían en mi cuerpo, que se convertía lentamente en la casa de mi hijo. Cuando me miraba desnuda frente al espejo, observaba cómo cada mes todo cambiaba y ese milagro de la vida que latía en mí pronto se convertiría en un nuevo ser. Supe que era un niño desde la primera ecografía. Sergio estaba entusiasmado. Lo llamaba por un nombre diferente cada día mientras acariciaba mi barriga, que no paraba de crecer.

De todas las aventuras de mi vida, la más grande y profunda sin duda fue ser madre. Pienso que es la entrega más auténtica que tiene la mujer. Con la maternidad lo das todo. Tu cuerpo no es solo tuyo; ahora es la casa de un bebé que poco a poco se va instalando, creciendo, absorbiendo de ti y pasando a ser el centro de la existencia. La vida se transforma, y además ocurre para siempre. Vives la mayor aventura durante los nueve meses de embarazo, esperando con anhelo el día de su llegada, soñando con el momento en que lo tendrás entre tus brazos. Al principio parece muy lejano, pero a partir del sexto mes el ritmo se acelera y se aproxima el momento culmen mucho antes de lo esperado. El día que das a luz pasas de un estado de dolor que te rompe por dentro al momento sublime de tenerlo entre tus brazos y contemplarlo entre sollozos.

Me sentía inundada de gozo. Mis hormonas se desbordaban, pues incluso a nivel celular se vive algo parecido a un enamoramiento total. «Hoy lo he tenido entre mis brazos», escribí en mi diario ese día.

Y toda mi ternura se despertó como un vendaval. No me cansaba de mirar a la diminuta criatura entre mis manos. «Eres precioso —le decía una y otra vez—, tan moreno como tu madre. Tus facciones son perfectas, el pelo azabache y tus rasgos son indios. Tienes unos ojos negros almendrados, bellos».

El diálogo de tú a tú que comenzó con el embarazo seguía a diario en nuestra vida juntos. Hablaba con él a todas horas. Contemplaba su sonrisa, que era tan bella como su llanto. Recién nacido sonreía mucho. Sabemos que esa sonrisa es un movimiento reflejo que se produce en esos días, pero para nosotros los padres es una gran sonrisa que nos llega al alma.

En mi interior resonaban las palabras de las mujeres sabias y el tono particular de la abuela Margarita. Junto con ellas, cantaba: «Me siento mujer, creadora de vida. Yo soy, yo soy mujer dadora de vida, yo soy mujer que engendra otra vida. Sigo cantando con las abuelas, ellas me conducen a la montaña donde parían en medio de la naturaleza. Siento la misma emoción que sintieron ellas al ver el fruto de mi vientre. Unida a las mujeres de mi linaje familiar, todas las que han parido antes que yo y las que lo harán después de mí, estamos creando vida en una entrega sin límite, que pasa por darle todo, hasta tu cuerpo de mujer, que ahora se convierte en cuerpo de madre».

La aventura de ser madre fue algo apasionante. Ese romperse por dentro te hace tomar una nueva piel. Mi vida cambió drásticamente. Entre nanas y pañales no tenía tiempo ni para ducharme. La criatura tan hermosa que formaba parte de mí me embelesaba y compensaba, y su sonrisa borraba mis afanes y preocupaciones.

Los primeros meses pasaron muy rápido, contemplaba asombrada cómo crecía sin parar. Estábamos pendientes de todos sus movimientos: ahora levanta la cabeza, ya casi se da la vuelta, se ríe, balbucea. Cada mes nos premiábamos con una tarta con la que saboreábamos los logros conseguidos durante ese mes, hasta que cumplió un año. Entonces el pastel y la fiesta fueron compartidos con los amigos a los que invitamos para celebrarlo a lo grande.

Antes de cumplir los tres meses de edad finalizó el tiempo de mi baja maternal y llegó el tan temido día en el que debía reincorporarme al trabajo. Esa circunstancia me resultó inhumana. Solo habían pasado dos meses y medio de esa gran proeza que es parir un hijo, y tendría que separarme de él durante ocho horas de jornada laboral. No estaba preparada y me supuso un auténtico desgarro. Por más vueltas que le daba no comprendía por qué tenía que dejar a mi hijo, que tanto me necesitaba, para ofrecer mis servicios al mundo. Me resultaba una insensatez. Mi universo en ese momento no era otro que él y el criarlo sano; además de ser mi obligación, lo consideraba también beneficioso para la sociedad.

Todavía mis pechos rebosaban leche y tenía que contenerla durante las horas de trabajo hasta llegar a casa y poder amamantarlo. Antes de salir, le dejaba un biberón con la leche que me había sacado y que el padre le daba en mi ausencia. Era un esfuerzo titánico para que creciera sano.

Fue un tiempo duro el que siguió. Compaginar el ser madre y trabajar supuso una tarea difícil, que compartimos siempre a dos. Tuvimos que coordinar los turnos de ambos para nunca dejarlo con extraños y el esfuerzo dio sus frutos, porque creció sano y fuerte. Cuando llegamos a su cuarto cumpleaños, y ya era un experto en el cole y los juegos con sus compañeros, reclamaba un hermanito, y comprendimos que era el mejor regalo que podíamos ofrecerle.

En aquella inolvidable primavera me visitó de nuevo la maternidad y otro ser germinó en mi vientre. La aventura de poder ser madre de nuevo me hizo feliz. Ahora ya conocía la experiencia y todo me resultaba más fácil, aunque seguía maravillándome ante el día a día de la maternidad y los cambios del cuerpo. La preparación para el parto, junto con trabajar y ser madre me tenían ocupada todo el día. Llegaba a la noche rendida pero entusiasmada con esta nueva etapa en mi vida. Todo funcionó bien en el embarazo, hasta que cerca del séptimo mes tuve que parar de trabajar para llevar una vida más tranquila. El bebé se movía mucho y tuve la impresión de que serían gemelos; con la ecografía se descartó, pero nunca supe el sexo porque no conseguimos verlo. El medico me decía: «Sorpresa, ya te enterarás».

En marzo tuve que despedir a mi madre. Me supuso un duro golpe, porque ella solo tenía sesenta y cuatro años recién cumplidos. Era muy joven cuando decidió partir a las estrellas. Sufría dificultades respiratorias debido a la operación que padeció por su tuberculosis siendo yo pequeña. En aquellos días enfermó de gripe y pronto se complicó todo. La ingresaron en el hospital, mejoró con el tratamiento e incluso hablamos por teléfono, y ella me tranquilizó diciendo: «No tienes que venir, me darán de alta el lunes. No te preocupes, que me encuentro bien».

En la madrugada del día siguiente falleció. Al darme la noticia no podía creerlo. Era difícil de encajar. Un día antes todo estaba bien. ¡Le iban a dar el alta! ¿Qué ocurrió entonces? ¿Cuál fue el fallo? No entendía nada y me resistía a creerlo. Fueron momentos drásticos los de enfrentarme a la muerte de mi madre. Ocurre siempre, pero más aún si es inesperada y repentina. Me quedé en *shock* y no podía pensar.

Después de unos meses fui atando cabos. Entonces recordé como en varias ocasiones me comentó que su misión entre nosotros ya estaba cumplida, que tenía ganas de partir a ese cielo infinito en el que siempre había creído. Yo no le di mayor importancia, supuse que estaba pasando una mala racha. Pero fue entonces cuando comprobé que había elaborado un álbum de fotos de la infancia para cada una de sus tres hijas, apenas unos meses antes de su partida. Después de su ida transcurrieron semanas difíciles en las que tuve que hacer una transmutación entre la muerte y la vida. Con frecuencia por las noches no podía dormir. Me levantaba y miraba al cielo buscando su estrella. Entonces comprendí que ella me enviaba este mensaje con total claridad: «La vida y la muerte son la misma realidad, solo hay un paso. Se trata de entrar en otra dimensión, saltar de lo material y tangible a lo inmaterial. Estoy contigo, no lo dudes. Voy a parir a esa niña junto a ti desde otro plano y la acunaré entre mis brazos como la abuela amorosa que soy».

Este sentir tomó forma de manera real en mi corazón, dándome fuerzas para salir del duelo y centrarme en la maternidad.

***

Adriana se dirige a su hija en el diario escribiendo:

Aunque te hiciste esperar varias semanas más, el día tan deseado llegó. A pesar de que según la matrona había comenzado el parto, este no progresaba y todos estuvimos pendientes de ti hasta que dijiste al fin «¡Aquí estoy yo!». Tras una nueva cesárea te tuve entre mis brazos. Eras una preciosa niña que aterrizó en este planeta un seis de marzo. Tu pelo era rubio y tus ojos claros. Observamos que tenías un gran parecido con tu abuela. Naciste con bajo peso y nunca supe el porqué. Yo había cuidado bien mi dieta, pero lucías muy pequeña entre mis manos. Apenas pesabas dos kilos seiscientos. Te acunaba una y otra vez sin cansarme de mirarte, comías con ganas y te agarrabas a la vida con mucha fuerza.

Contigo viví el milagro de la maternidad que me habitó por segunda vez y pude sentir a mis células respirando con asombro, agradecimiento y plenitud. Fuiste como el aire fresco de una nueva primavera. Viniste al mundo el mismo mes que lo hiciera tu madre y que partió tu abuela, a la que no pudiste conocer. Son esos misterios que nunca se acaban de descifrar. Pasados unos años nos dimos cuenta de que eras un alma sutil y vieja que traía mucho aprendizaje de vidas anteriores. El mayor acontecimiento lo vivimos cuando tenías solo tres años y corrías a los brazos del hermano Roger en Taizé por pura intuición, o mejor dicho por absoluta conexión de almas. Fue algo muy curioso; estabas en la época en que más extrañabas, no querías separarte de mí ni un segundo, sin embargo, con él volabas a sus brazos.

Taizé ha formado parte siempre de mi vida. Hacía muchos años que no había vuelto, y aquel verano decidimos pasar allí una semana. Organizamos el viaje para encontrarnos con tu tío, que vivía en Suiza. Juan Luis era el hermano menor de tu padre, quien lo cuidó de pequeño, por lo que tenían una relación muy especial. Estaban muy unidos. En una ocasión vino a visitarnos a Las Palmas cuando vivíamos en Melenara y pasó una temporada con nosotros. Era un aventurero y trotamundos.

Al llegar a Taizé nos alojaron en Olinda, la casa designada para las familias. Mientras nos instalábamos te dejé con los jóvenes que cuidaban la guardería, donde había otros niños. Parecías contenta al principio, pero pronto extrañaste y no parabas de llorar. Vinieron a buscarme porque no querías quedarte con nadie que no fuéramos nosotros. A partir de entonces teníamos que turnarnos tu padre y yo para poder hacer las actividades de las familias.

En cambio, con el hermano Roger fue diferente. Desde que lo viste aparecer en la iglesia de la Reconciliación te fuiste volando a sus brazos. ¡Estabas tan a gusto! No extrañabas y no te despegabas de él. Tuve la impresión de que era como si lo hubieras reconocido de otra vida. Él te estrechaba entre sus brazos, encantado contigo y con tu nombre. Como suizo, conocía bien esa flor. Con este acontecimiento vivimos unos de los momentos más transcendentales en nuestra vida. Tu padre y yo observábamos anonadados. No era fácil ser la madre de una niña tan especial.

CAPÍTULO 17

LOS ENCUENTROS

Mientras fueron creciendo, a nuestros hijos también les tocó compartir los encuentros en grupo que organizábamos en casa. Disfrutaron de tener amigos que venían a reunirse de la mano de sus padres para trabajar la coescucha. Así fue como los niños aprendieron sus primeras relaciones con el mundo, mientras nosotros practicábamos. Teníamos un amigo médico higienista, Eneko Landaburu. Él fue quien puso en marcha en España el movimiento para autogestionar la propia salud, que por error hemos dejado en manos de los médicos y profesionales de la sanidad. Eneko nos cuenta en su libro *Cuídate compa* cómo esto nos ha llevado a ser ignorantes de nuestros males y a perder la conexión con el cuerpo, además de desaprovechar autonomía y hacernos dependientes de los profesionales de la salud.

Eneko también fue impulsor de las casas de reposo en España. Son lugares en medio de la naturaleza donde descansar y recuperarse del estrés. En ellas se lleva una alimentación equilibrada y se pueden hacer ayunos. Asimismo, fue quien nos introdujo en esta técnica de la coescucha. Después de conocerlo en el País Vasco en una casa de reposo, quisimos que viniera a darnos un seminario a nuestra isla, así que lo gestionamos y vino en varias ocasiones a ofrecernos el taller. Lo alojamos en casa, creando una relación muy estrecha con él. Los niños disfrutaban de su presencia juguetona y cariñosa.

Coescucha o reevaluación es una técnica descubierta por un estadounidense, Harvey Jackins, que experimentó en su vida el arte de escuchar a fondo a un ser humano. Jackins explica en sus seminarios los orígenes de su método. Lo llamaron en una ocasión en que un amigo suyo estaba a punto de ser ingresado. Él era consciente de que el psiquiátrico no era la mejor solución. Entonces decidió hacerse cargo. Llevó al amigo a su casa para poder escucharlo a fondo hasta que mejorase. Los resultados fueron sorprendentes. Consiguió el total desahogo de sus angustias disminuyendo su tensión psíquica, y más tarde el paciente pudo sanar y volver a su vida diaria.

Basándose en esta y otras experiencias, Jackins quiso crear un método para aprender el ejercicio de la técnica, que se puede aplicar a cualquier ser humano hasta conseguir su total desahogo, y a partir de entonces poder dar un nuevo enfoque en la vida de la persona, lo que significa «reevaluarse». Creó una escuela de coescucha en la que entrenarse para conseguir el objetivo. Él plantea todo un proceso que comienza por liberarse de los juicios y de cualquier carga ideológica o religiosa. Estos conocimientos son los que se aprendían en la escuela que iniciamos en nuestra casa.

En reuniones con los padres practicábamos esta herramienta. Resultó muy interesante y ayudó a aliviar las tensiones vividas con los hijos, que tantas veces nos desbordan. Ocurre con demasiada frecuencia que cuando tratamos de resolver los problemas de ellos, aparece nuestro niño interior que trae de la mano las propias heridas de la infancia no sanadas.

Por eso nos ocurre lo de perder los papeles como padres, a lo que se suma el no poder resolver los conflictos de los hijos. Ofrecernos un espacio de escucha resultó ser sanador en padres e hijos. Nos reuníamos una vez al mes. Era como tomar oxígeno después de una maratón. En las reuniones hablábamos, llorábamos y reíamos, poniendo en marcha el proceso curativo del desahogo que habíamos aprendido. En la historia familiar, conseguimos que nuestra casa fuese el lugar de encuentro donde muchos grupos comenzaron su andadura.

Además del grupo de padres, tuvimos también otro colectivo con el que nos reuníamos cada semana para trabajar con *Un curso de milagros*. Fue un libro que apareció casi de la nada y que nos trae un poderoso mensaje de perdón al mundo. Algunos lo llaman la segunda Biblia. El texto tiene el propósito de despertarnos del profundo letargo en el que vivimos. Defiende que el mayor milagro es lograr plena conciencia de la presencia del amor en la propia vida. Con este grupo nos encontrábamos por la noche a la hora en que los niños se iban a dormir, quienes llenos de curiosidad, pasaban siempre a saludar y dar las buenas noches. En una ocasión Flor se acercó y colocó cinco almendras en la mesa donde teníamos el libro. Cuando le preguntaron qué era, respondió que se trataba de las piedras del camino.

Nos sorprendieron sus palabras. Algunos amigos todavía me lo recuerdan. Tenía solo cinco años, pero ella era así. Sus sabias respuestas no parecían venir de una niña. Supimos que era un alma vieja. Su hermano era más reflexivo y reservado. Destacaba en su capacidad de concentración y creatividad. En sus juegos siempre estaba inventando cosas nuevas con sus rompecabezas. Tenía un ingenio asombroso. Destacaba también por su oído, reconociendo de inmediato las melodías. Recuerdo que estando en una clase de música, la profesora buscaba la nota adecuada y él la encontró enseguida a pesar de ser un mocoso. Acertó con exactitud. Uno de sus juegos preferidos era el de director de orquesta. Nos sentaba a todos a su alrededor, ponía la música de la ópera de Guillermo Tell, que conocía de memoria, y con una improvisada batuta realizaba los movimientos de la orquesta con una precisión admirable.

Fue hermoso verlos crecer y superar sus desafíos. Ahora éramos una familia de cuatro. Supuso un cambio abismal respecto a mi anterior estilo de vida solitaria en un bosque. Sentía que la ermita volvía a estar en mi corazón, que habitaba dentro de mí sin necesitar ningún espacio físico. Vivía entregada a ellos al cien por cien. No era ni siquiera dueña de mi sueño. Muchas noches me despertaban los niños, sobre todo Flor, que solía tener pesadillas. Así que me tocaba compaginar al día siguiente el cansancio por no dormir con la jornada laboral.

Pasados algunos años ocurrió lo inevitable. Un día me derrumbé físicamente y tuve que dejar de trabajar fuera de casa. Colgar mi bata de enfermera y emplear toda mi energía en recuperarme del intenso cansancio, al que los médicos llamaron fibromialgia. Esto supuso un parón en todas mis actividades, así como un cambio de vida que me llevó a estar meses tumbada en el sillón sin poder moverme. Cuando al fin conseguí remontar un poco y me fui sintiendo mejor, me fui incorporando lentamente a la vida, adaptando el ritmo a mis pocas energías.

Un verano, cuando ya me encontraba más recuperada, decidimos viajar en familia a Inglaterra, concretamente a la comunidad de Findhorn, un lugar que había conocido a través de algunos talleres que sus miembros realizaron en Las Palmas. Seguía siendo importante para mí la experiencia de vida comunitaria, ya que todavía tenía el sueño de poder realizarla. En este grupo había familias, y eso me seguía interesando. Vivían en el campo, trabajaban con distintas escuelas de terapias alternativas que podían darme respuestas en mi proceso de recuperar la salud. La comunidad era muy conocida porque cultivaban los huertos y conseguían unos productos espectaculares, tanto que fueron objeto de estudio por parte del Gobierno inglés. Las fotos de sus calabazas recorrieron el mundo entero en las revistas de agricultura de la época.

El viaje a Inglaterra fue una gran experiencia como familia; era nuestro primer desplazamiento tan largo. Cada verano solíamos ir a la península, bien a Málaga a ver a los abuelos o a Barcelona para ver a nuestros hermanos, con los que seguíamos en contacto. Volamos a Londres. Nos quedamos en la capital haciendo turismo, visitando museos, parques y calles. Conseguimos alojamiento en una residencia de estudiantes en Camden Town, y cada día cogíamos el metro, algo que les hacía mucha ilusión a los niños.

Pasados esos días tomamos el tren para dirigirnos a Findhorn. El viaje fue una maravilla. Tuvimos la oportunidad de recorrer toda Inglaterra y atravesar Escocia, deleitándonos con ese paisaje tan verde y mágico que inspiró a la cultura celta. Los niños estaban felices con la aventura. El tren era toda una novedad; corrían de un lado a otro con total libertad, bastante diferente al avión, donde apenas pueden moverse de su asiento y mantenerlos tranquilos, encima de nosotros, resultaba agotador.

El viaje duró casi todo el día. Salimos por la mañana temprano. Se trataba de un tren lento con muchas paradas, por lo que llegamos a Inverness, el lugar más próximo a Findhorn, al atardecer. Habíamos programado pasar también dos noches allí para visitar el lago Ness, que se encuentra en esta localidad y que tanta ilusión le hacía a nuestro hombrecito. Los niños de su edad escuchaban innumerables leyendas sobre el famoso monstruo del lago, así que era obligado visitarlo.

La comunidad de Findhorn está situada en el noreste de Escocia. Tenía un autobús que nos recogió muy cerca, en un pueblo llamado Forrest. Finalmente llegamos los cuatro sanos y salvos a la comunidad. Nuestro escaso inglés nos puso en más de un aprieto, del que salimos airosos gracias a nuestro hijo, que hizo de intérprete. Valoramos más que nunca el esfuerzo que habíamos hecho para que aprendiera inglés. Su primer colegio fue bilingüe y continuó con el idioma con clases particulares durante todos los cursos. Significó una eficiente ayuda, gracias a la cual conseguimos superar las conexiones de trenes, autobuses y metro sin perdernos. Su padre y yo entendíamos algo de inglés y deducíamos el resto. En mi caso recordaba lo poco que estudié en el bachillerato, pero no era suficiente. Podía hablar bien en francés y Sergio en alemán, si bien el inglés era una asignatura que los dos teníamos pendiente.

En la comunidad de Findhorn, después de registrarnos en la recepción, nos dirigimos al campamento. Allí nos alojaron en una caravana para familias. Era grande y espaciosa y los niños estaban encantados. Yo la saboreé poco. Debía incorporarme al curso «Conociendo a la comunidad», así que tuve que dormir en otro lugar llamado Cluny Hill. Aun así, estábamos cerca, lo que nos permitió hacer actividades en grupo.

En Findhorn la magia es un componente fundamental para alimentar el espíritu de la comunidad y esta es fiel reflejo de ello. En el año 1962, Eileen, Peter Caddy y Dorothy Maclean perdieron los empleos que tenían en un hotel cercano.

La necesidad de subsistencia y la experiencia espiritual que poseían lograron generar un milagro. Mediante la profunda conexión con los elementales de la naturaleza de Dorothy, la capacidad de llevar a la acción y de materializar lo que vivían por parte de Peter, además de la fortaleza espiritual de Eilem, lograron crear un vergel en medio del desierto. Crecieron vegetales de dimensiones asombrosas, algo que llamó la atención tanto en Inglaterra como en otros países. Pronto aparecieron científicos y personas de diferentes nacionalidades que conectaron con la energía del sitio y se instalaron con sus casas rodantes. Muchos de los visitantes optaron por vivir allí, dando lugar a la formación de un pequeño pueblo siempre creciente.

Findhorn hoy en día es una comunidad espiritual, ecoaldea y centro holístico internacional, basado en la búsqueda de la revelación de una nueva conciencia humana y la creación de un futuro positivo y sostenible. Tiene unos seiscientos habitantes y cuenta con una infraestructura basada en viviendas ecológicas con tratamiento de aguas, generación de energía a partir de biomasa, paneles solares y turbinas eólicas. El paso por la fundación de Findhorn nos aportó muchas cosas. Experimentamos la magia y vitalidad que la caracteriza desde sus inicios. Así que alimentó de nuevo en nosotros la búsqueda de lo sagrado en la vida diaria, aprendiendo de otros lenguajes para vivir la espiritualidad en el mundo de hoy.

Entre las actividades que hicimos en familia con mi grupo, estaba un paseo por el bosque destinado a conectar con los seres de la naturaleza. Esta excursión les fascinó y la vivieron con gran entusiasmo. El grupo los conoció y les tomó cariño. También participaron en la fiesta de despedida, en la que convivieron con gentes de todas las nacionalidades y la riqueza cultural que se vivía en ella era enorme, así como la sutileza con la que se organizaban todos los eventos. Todo lo que hacían tenía un encanto particular que la caracteriza como comunidad única en el mundo. Vivimos también un momento muy significativo la tarde que conocimos en persona a Dorothy Maclean, una de las fundadoras. Se organizó un encuentro donde ella estuvo muy cercana con los niños, pudimos charlar y aprender de su experiencia; todo un privilegio que aún recordamos.

Volvimos a casa con las pilas cargadas, felices de que existieran lugares así en el mundo. Pasado un tiempo en el que asimilamos la experiencia vivida en Findhorn, organizamos encuentros de grupo en nuestra casa para seguir compartiendo. Conectamos con otras personas que también habían visitado o conocían la comunidad. Resultaron ser unos encuentros entrañables, influidos por la magia experimentada con ellos. Nuestra convocatoria reunió a gente de distintas nacionalidades. Entre ellas estaba Silvia. Era una vecina que no conocíamos. A partir de entonces mantuvimos un estrecho contacto con ella hasta que cruzó el umbral. Era la mayor del grupo, tenía casi ochenta años y era una mujer dulce y encantadora de nacionalidad inglesa que conocía Findhorn desde sus comienzos.

Llegamos a ser un grupo numeroso de unas cuarenta personas, aunque la cifra oscilaba en cada encuentro porque había gente que estaba de paso o de vacaciones y que solo asistía mientras duraba su estancia en la isla. Seguimos manteniendo los lazos con Findhorn y se consiguió que una vez al año vinieran a impartir sus enseñanzas durante el invierno, coincidiendo con la época en que la comunidad no tenía tantos visitantes. Algunos cursos, como el titulado «Reconectando con el útero sagrado», resultaron interesantes. Las mujeres se beneficiaron de ese trabajo que trata lo femenino. Los hombres también estudiaron el tema de la masculinidad y siguieron reuniéndose como grupo de hombres durante mucho tiempo después.

De todos los cursos celebrados con la comunidad de Findhorn, destaco «El propósito de la vida». Se consideraba un curso estrella, donde se trabajaba en profundidad por encontrar el proyecto original de la vida. Muy bien elaborado y acertado, se repitió varias veces. En su desarrollo y ejecución fue famoso el juego de la transfiguración, en el que, a través de cartas con mensajes de ángeles, se conseguía elaborar un propósito acorde a la situación que vivías en ese momento de tu historia personal. Todos los ejercicios eran herramientas útiles de autoconocimiento y estaban elaboradas con un lenguaje nuevo, muy acorde a los tiempos actuales.

«Danzas sagradas» también fue muy solicitado y logró crear un grupo estable de gente que practicaba los bailes durante todo el año. Nosotros estábamos comprometidos con la línea del crecimiento personal, y empleábamos todos los medios a nuestro alcance para evolucionar humana y espiritualmente.

El crecimiento y educación de los niños, sin embargo, fue a lo que dedicábamos mayor energía. Lo compaginábamos con el trabajo fuera de casa y nos turnábamos para estar con ellos a tiempo completo.

En nuestra juventud también conocimos a Krishnamurti, de quien nos resultaba atrayente su planteamiento con relación a la educación libre. Lo habíamos leído y escuchado en muchas de sus charlas. Cuando nuestro hijo fue un adolescente, nos planteamos enviarlo a Inglaterra, a una escuela creada por él que practicaba esos principios de libertad y corresponsabilidad. Fue una difícil decisión la que tuvimos que tomar. El centro era privado, lo que suponía un esfuerzo económico grande que no podíamos permitirnos. Después de darle muchas vueltas se nos ocurrió pedir un préstamo al banco por cinco años. No queríamos perder esa oportunidad tan interesante para nuestro hijo, pues el instituto normal se le estaba quedando pequeño. Decidimos sacrificarnos recortando gastos con vistas a ofrecerle una educación alternativa y completa. Años más tarde nos lo agradeció.

Durante un curso vivió en la escuela, con posibilidades de ser becado para el año siguiente. Convivir con jóvenes de diferentes nacionalidades y un plan de estudios personalizado con profesores que compartían la misma ideología significó una riqueza valiosa en su vida que compensó el esfuerzo económico que hicimos. Cumplió allí los dieciséis años, y aunque era joven para comprender toda la riqueza del lugar, sabíamos que lo aprendido quedaría siempre en su vida y su currículo.

A su hermana la habíamos enviado a la escuela francesa que recientemente se había trasladado a nuestro barrio y ya hablaba el idioma. En ella destacaba la facilidad para las lenguas, lo mismo que para todas las cosas trascendentes. Buscaba continuamente un sentido profundo que la llevara a las estrellas.

En nuestra historia, como en la de todas las parejas, aparecieron también épocas difíciles en las que tuvimos que recurrir a buscar ayuda para salir adelante con los conflictos.

Sara, una vieja amiga que en esa época había descubierto la meditación Vipassana, nos habló de esta práctica con gran entusiasmo. Se trataba de una técnica para aprender a observar lo que pasa en tu interior y aquietar la mente, algo que despejaría el terreno de la comprensión entre nosotros. Nos pareció interesante y decidimos conocerla; era un elemento nuevo y nos dispusimos a adentrarnos en el Vipassana.

Para este objetivo nos trasladamos a Barcelona, pues era necesario realizar un curso de diez días. Era el único lugar en esa época en España donde había un centro de meditación Vipassana. En la actualidad existe otro en Madrid. Conectamos con ellos y elegimos una fecha que nos permitiera poder hacerlo por turnos para seguir con la vida familiar. El curso se trataba de estar diez días en silencio absoluto, meditando, aislados del mundo sin ningún contacto salvo con el personal encargado. El centro, llamado Dhamma Neru, reunía las condiciones para este fin. Se trataba de una masía en el campo, en un lugar muy bonito de Cataluña frente al Montseny. Tomada la decisión de esta nueva aventura, primero asistió Sergio y después fui yo. Los diez días de separación y el sentirnos liberados de la vida familiar nos resultó interesante y necesario. Fue un tomar distancia para reflexionar sin interrupciones.

Con la experiencia del tiempo transcurrido por la vida misma, me he dado cuenta de que se hace cada vez más necesario tomar distancia con vistas a poder ver con claridad las piedras donde tropezamos en la convivencia y resolver así los conflictos que se plantean en la vida en pareja.

Volviendo al curso de Vipassana, resulta interesante destacar cómo durante esos diez días ocurre que se produce un viaje interior a las profundidades del ser. Todo se ve distinto, la visión se vuelve más nítida y el ego te da menos la lata. Yo diría después de mi experiencia que es como pasar la mente por la lavadora; se van dejando atrás juicios e impurezas mentales que a diario te contaminan. Consigues salir bastante más serena, mejor situada en tu piel y capaz de asumir tu responsabilidad en las relaciones humanas. En la vuelta a la vida diaria y después de este retiro el mundo y lo que te rodea parece diferente. Se dejan las gafas de aumento con las que has visto los problemas, que ahora son observados desde sus proporciones normales, y todo resulta más simple.

Diría que se trata de un reto similar a cuando te encuentras de frente con la muerte. En esos momentos solo aparece lo importante. El resto lo relativizas, a la vez que percibes la superficialidad de las cosas cotidianas que antes ocupaban el centro de tu atención. En ese momento percibes que todo pasa y nada es permanente. Esa comprensión mayor creo que se produce al ver de cerca y tan claros tus propios errores. Aprendes a juzgar menos al otro y a ser más tolerante contigo mismo y con los demás. En resumen, es todo un viaje interior. El mundo se ve con una gran nitidez; se caen las máscaras que te has colocado, viéndote desnudo y comprendiendo a la vez la transparencia de los demás.

El curso resultó ser un éxito. Muchas dificultades se esfumaron y volvimos al centro, a lo que de verdad es importante y viviendo la relación desde otro espacio. Conseguimos mantener la práctica en nuestras vidas hasta el día de hoy. Han transcurrido más de veinte años, pero para nosotros lo aprendido sigue siendo una herramienta útil. Hemos instalado en nuestra vida el Vipassana y seguimos meditando cada día juntos. Una vez al año procuramos hacer un retiro de diez días que nos sigue resultando un regalo para conectar con nosotros mismos. A diferencia de lo que ocurre en vacaciones, durante el curso no tienes nada que hacer, conocer o visitar, solo estar centrado en la meditación a través de la respiración.

Un tiempo más tarde de haber realizado este curso, abrimos las puertas de nuestra casa a personas que venían una vez a la semana a sentarse con nosotros para meditar. Nos resultó una buena forma de mantenernos en la práctica y conseguir la continuidad. En ocasiones era un grupo estable que se reunía cada semana y otras veces fluctuaba. Alguna vez vinieron también profesores que estaban de paso.

En esas fechas, una habitación aislada de la vivienda quedaba dispuesta solo a esto. Nuestros hijos se acostumbraron a colaborar abriendo la puerta y recibiendo a los que se retrasaban. Eran conscientes de que la familia era siempre más numerosa que los que vivíamos en casa.

CAPÍTULO 18

ARUNACHALA

Nunca pensé que el destino me tuviera reservada una sorpresa como la que voy a contar. Quizás fue fruto del anhelo de mi alma o tal vez ambas cosas, no lo sé con certeza. Cerca ya de mis setenta años, llegué como una peregrina más a la montaña sagrada de Arunachala. ¡Qué gozo estar allí! Todo aconteció de forma inesperada a través de Rosa María, una amiga que había estado en la India. Fue ella quien nos puso en contacto con la persona que organizó su viaje, informándonos de los detalles. Tendríamos una guía local y el recorrido adaptado a nuestras posibilidades y dificultades físicas, que en mi caso seguían siendo importantes. Solo visitaríamos algunos lugares y en lo económico nos resultó factible. Los vientos nos eran favorables. Me ilusioné muchísimo con la idea y me puse en camino. Tras pasar todos los obstáculos de visado, vacunación y demás burocracia, llegó el día en el que se hizo realidad el acariciado sueño. Sergio me acompañó, pues a pesar de que él no lo tenía muy claro no quería que yo fuera sola. Tomamos el avión en Madrid y fueron doce horas de vuelo, incluido el trasbordo en Dubái. Allí contábamos con un vehículo destinado a las personas con movilidad reducida que nos permitió tomar nuestro avión para la India a tiempo, pues de lo contrario no habría podido superar esas largas distancias con mis dificultades de salud. El aeropuerto es muy grande y las distancias kilométricas.

Al fin llegamos a Chennai, pisando por primera vez suelo indio. Allí apenas se podía caminar. Todo era un ir y venir de gente, maletas y carritos. Sentada en la silla de ruedas que había solicitado para los traslados en aeropuerto, era llevada por personas cuyo idioma no entendía. Llegué la primera a la recogida de equipajes y fueron apareciendo maletas en la cinta; todas llegaron, incluso la de Sergio, excepto la mía. Con dificultad hicimos la reclamación y nos dirigimos a la puerta de salida, donde notamos por primera vez el calor sofocante de la India, que en la calle era insoportable. Entonces nos recogió la persona que iba a hacer de guía en nuestro viaje y nos condujo hasta el coche que nos aguardaba unos metros más adelante y en el que haríamos el trayecto hasta Auroville.

Fueron tres horas de sobresaltos. En las carreteras de la India no existe control. No sabes si vas a salir ilesa de ellas. El tráfico está compuesto por múltiples vehículos. Pequeñas motocicletas conocidas como tuk-tuk donde viaja toda la familia, otras similares de tres ruedas, camiones y autobuses enormes que suelen ir muy cargados. El resultado es un enjambre que circula sin control y a golpe de claxon. Nadie respeta las señales y se cuelan por donde pueden. A pesar de ese caos, llegamos a la primera parada de la ruta. Entonces ya estaba a punto de desmayarme por el calor. El viaje y el cansancio habían hecho mella en mí. Estacionamos junto a un puesto de cocos. Existen muchos y se encuentran a lo largo de las carreteras. El agua de esta fruta fresca y recién abierta junto aquel breve descanso me salvó la vida, pude reponer fuerzas para seguir adelante.

Mi voluntad era de hierro. Nada me detendría. Estaba dispuesta aprovechar cada segundo de mi estancia en aquel lugar tan lejano. Por otro lado, era consciente de que era la primera y posiblemente la última vez que estaría en la India.

Llegamos al fin a Auroville, ciudad declarada por la Unesco patrimonio de la humanidad y modelo para el mundo. Fue fundada por la Madre, llamada Mirra Alfassa, en comunión con Sri Aurobindo, su maestro y complemento espiritual. Ellos dos quisieron crear una ciudad que fuera un germen del nuevo futuro de la humanidad.

Al llegar nos instalamos en Auroville, donde pasaríamos la mayor parte de los días. Dispuestos a conocer de cerca todo lo que la ciudad de la aurora encierra, caminamos por sus calles. Visitamos muchos lugares, incluido el Matrimandir, que está considerado el alma de la ciudad y situado en un gran espacio abierto al que llaman Paz. El Matrimandir es una cúpula geodésica revestida de discos dorados que reflejan la luz del sol, es concebido como un lugar destinado a la meditación. Al contrario de lo que ocurre en casi todos los lugares sagrados de la India, allí no hay flores, ni incienso ni música. La voluntad de sus creadores era convertirse en un espacio abierto a todo buscador espiritual, más allá de los símbolos religiosos, credos e ideologías. La visita a este lugar único en el mundo nos impresionó.

El tiempo que permanecimos dentro fue como si escaláramos el cielo. Allí había otra percepción del tiempo y del espacio. A medida que avanzaba por aquellas escaleras y galerías revestidas de blanco hacia la sala principal, que era redonda y blanca, me resultaba patente estar en otra dimensión. La sala de meditación tenía un orificio en el techo por donde se colaba un rayo de luz solar que incidía en una bola de cristal trasparente. El silencio y el recogimiento era total;

seguía teniendo la impresión, de encontrarme a las puertas del cielo. Una vibración extraordinaria te sumergía en un estado de meditación muy puro.

Savitri fue otro lugar impresionante. Dedicado a fomentar un sentido vivo de unidad humana a través de la educación espiritual, basada en la visión y las enseñanzas de Sri Aurobindo y la Madre. Tiene como objetivo reunir, crear y albergar todo tipo de materiales que están disponibles para todos los habitantes de Auroville. También hay actividades que fomentan una apreciación más profunda de todo lo que supone la búsqueda espiritual. Asistimos a varios encuentros allí. Uno de ellos fue una meditación con la palabra sagrada «OM» y que duró varias horas. Fue una experiencia que yo no había vivido hasta entonces, que nos llevó a entrar en una vibración sublime al ser cantada por un grupo numeroso de personas.

En esos días tuvimos el honor de asistir al aniversario del nacimiento de Sri Aurobindo, acontecido un quince de agosto. Tal día tiene lugar cada año una gran celebración. Junto a los jardines que rodean el Matrimandir hay una explanada. Allí hay una urna que contiene tierras traídas de todos los rincones del mundo y a su lado se enciende una hoguera que arde durante muchas horas, mientras los congregados hacen una meditación. Comienza de madrugada sobre las cinco de la mañana, cuando todavía es de noche, y se alarga hasta después de salir el sol. Durante la meditación se oyen mantras cantados y la voz de la Madre en *off*, hablando a los habitantes de Auroville. La Madre, Mirra Alfassa, fue la discípula más cercana a Sri Aurobindo y quien dio forma a la nueva humanidad que ya contemplaba su maestro. Lo escribe así en su carta a Auroville:

CARTA DE AUROVILLE

Auroville no pertenece a nadie en particular.

Auroville pertenece a la humanidad en su conjunto.

Para vivir en Auroville es necesario ser servidor voluntario de la consciencia divina.

Auroville será el lugar de la educación permanente.

El progreso constante y la juventud que nunca envejece. Auroville quiere ser el puente entre el pasado y el futuro, aprovechando todos los descubrimientos exteriores e interiores, se lanzará audazmente al futuro.

Auroville será el lugar de una investigación material y espiritual para dar una manifestación viva a una unidad humana concreta.

Estas hermosas palabras que resonaban con su voz durante la celebración nos resultaban entrañables, tanto como lo fue nuestra estancia en la ciudad de la aurora. De ella solo salimos para visitar Tiruvannamalai, el sitio donde se encuentra Arunachala, la montaña sagrada.

El día previsto salimos en coche. Esta vez el trayecto no era tan largo. Nos llevaron al alojamiento, que era en un modesto hotel con la apariencia de un santuario. En la recepción colgaba en la pared un retrato de Ramana Maharshi que la presidía. Nos obsequiaron con un mala o rosario típico de la India. La habitación era mucho más cómoda que en Auroville, donde pasábamos un calor terrible por sus malas condiciones. Ello se debía a que no era propiedad de la comunidad, sino que se trataba de alojamientos particulares que suelen alquilar en el entorno de la ciudad. Aquí teníamos aire acondicionado, era un hotel ecológico rodeado de jardines y naturaleza.

Desde la habitación, aprovechamos el tener cobertura para llamar por teléfono. Antonio, con el que también compartimos nuestra vida en la comunidad del Reloj del Sol, nos contó que estaba viviendo en ese lugar, o que pasaba allí largas temporadas. Hacía más de veinte años que no sabíamos nada de él y teníamos el propósito de encontrarlo. Fue emocionante oír su voz de nuevo. Acordamos vernos al día siguiente en el áshram. Antonio, ya desde la época en que estábamos juntos en la comunidad, era devoto de Ramana Maharshi, así que aprovechó su jubilación para trasladarse y vivir cerca de Arunachala gran parte del año.

Quedamos en la sala de meditación situada junto al áshram, donde reposan los restos de Ramana. Se encuentra a la entrada, al pie de la montaña. Junto a ellos, una foto suya ya de mayor, con su mirada tan llena de luz y serenidad, invitaba a recogerse y conectar con la propia divinidad. En el momento en que entramos en la sala me embargó la emoción. La presencia que me llegaba de este ser tan luminoso era muy tangible. No podía contener las lágrimas. Lloré durante largo rato agradeciendo aquel momento con gran devoción. Mientras esperábamos a que llegase Antonio, estuvimos descifrando cuál de los presentes podría ser, pues pensamos que lo veríamos cambiado después de tanto tiempo. Hasta que lo vimos aparecer por la puerta con su característico andar e iguales gestos. Entonces no nos quedó duda, algo mayor y con más arrugas, pero era el mismo.

¿Qué decir de aquel encuentro? Fue entrañable. Tuvimos la sensación de que el tiempo no había pasado. Era como si estuviéramos en nuestra sala meditando cuarenta años atrás. Nos abrazamos los tres durante largo rato, tratando de deshacer el tiempo que nos había separado. Después de aquel saludo tan emotivo terminamos con una cena juntos. Pudimos compartir con calma todo lo que habíamos vivido en ese lapso en nuestras vidas, fue una velada muy grata. Antonio se ofreció a llevarnos al día siguiente a la montaña y enseñarnos los lugares más significativos en la vida de Ramana Maharshi, así que nos despedimos con un simple «hasta mañana».

Nos levantamos de madrugada, tal como había propuesto Antonio, con la finalidad de esquivar las horas de más calor. Nos encontramos al pie de la montaña con la alegría de un nuevo día juntos. Comenzamos a subir llenos de entusiasmo. Queríamos llegar hasta la primera ermita, que es la que está más alta y alejada. El camino de subida me resultó duro. Era demasiado largo y tenía mucha pendiente. Necesitaba pararme con frecuencia a descansar, aunque ninguna dificultad restaba ilusión y satisfacción al privilegio que me suponía hacer el trayecto que tantas veces visualicé. Mis compañeros de escalada, Sergio y Antonio, avanzaban más rápido y de vez en cuando me esperaban.

En una de esas paradas me acerqué a un puesto de recuerdos que tenía un chico muy joven que trabajaba la propia piedra de la montaña. Con ella hacía corazones y grababa en relieve la palabra «om». Tendría unos quince años y me contó que cada día madrugaba para encontrar el mejor lugar donde colocar su humilde puesto, formado por un pequeño toldo de arpillera atada con dos palos. Así conseguía no trabajar al sol tan intenso propio de una zona tan seca y desierta. Estos puestos, que con frecuencia se encuentran en todos los caminos en la India, son una ayuda para las familias pobres, que apenas consiguen sobrevivir. En ellos venden agua, cocos, plátanos y algunas cosas más que la gente demanda.

Después de subir el último tramo, llegamos al pie de la primera cueva. Era el lugar a donde se retiró Ramana Maharshi al comienzo de su etapa como ermitaño de la montaña. Decidimos descansar en unos bancos de piedra destinados a este fin. Para entonces el calor apretaba. Siendo casi mediodía el sol no tenía piedad de nosotros. Nos dispusimos a tomar agua y refrescarnos antes de entrar en la cueva, que imaginamos que estaría fresca, y así poder aclimatarnos. Junto a los bancos había una pequeña explanada y un mirador desde donde se veía todo el pueblo. De pronto sentimos un enorme alboroto que provenía de una manada de monos macacos. Se nos echaron encima a la velocidad del rayo. Parecían varias familias, porque había de todos los tamaños, grandes y pequeños. Casi sin darnos cuenta y con una destreza increíble, se adueñaron de la comida, que era solo un tentempié. Volaron los plátanos nuestros y los de todas las personas que se encontraban por allí. En un santiamén consiguieron sembrar el pánico. Nunca los había visto tan de cerca, y mucho menos que se me echaran encima. Parecía más que nada un número de circo. Fue increíble la rapidez con la que salieron de todos lados justo en el momento en que sacamos la comida. No los habíamos visto, pero ellos a nosotros sí.

Era probable que estuvieran al acecho en sus madrigueras y en el momento clave se abalanzaron a por los alimentos. Me llamó la atención lo expertos que eran en seleccionar lo que les gustaba y cómo se lo llevaban tan rápidamente, cual rateros profesionales. El espectáculo, que al principio nos pareció curioso y hasta simpático, pronto se convirtió en una pesadilla que no podíamos controlar. Eran cada vez más numerosos y se metían por todos lados. Por suerte, apareció el guardián del lugar, que sabía cómo ahuyentarlos. El hombre dio unos golpes en el aire con una vara a la vez que lanzó cuatro gritos y los monos, espantados, huyeron despavoridos tan rápido como habían aparecido. De nuevo volvió la calma, aunque nos quedamos sin plátanos.

Después de este incidente entramos a la cueva de Ramana. Lo hicimos con devoción, conscientes de que pisábamos suelo sagrado. Las lágrimas me acompañaron de nuevo con una profunda emoción. Estaba en el lugar privilegiado del que tantas veces me habían hablado. En la puerta me incliné con gran respeto, juntando las manos tal cual se hace en ese país tan devoto. Tras cruzar el umbral accedimos a un minúsculo aposento. Era una pequeña cueva que estaba dentro de la roca que apoyaba la construcción. Era el punto donde Ramana pasaba la mayor parte del día meditando. Solo había espacio para una persona y todos esperábamos el turno de poder sentarnos ahí, justo donde él lo hacía.

En el exterior había una sala un poco más grande con cabida para más gente. Los que iban llegando meditaban en ese punto mientras esperaban a que se quedase libre la cueva. A la izquierda había una pequeña habitación donde él descansaba cuando no meditaba. El área la ocupaba una cama hecha de cemento. En lo alto se veían diferentes fotos suyas, situadas con amor sobre una sábana de encajes. En la cueva, Ramana pasó el mayor tiempo de su vida. Está situada en la parte más alta de la montaña sagrada de Arunachala. Allí vivió dedicado por entero a la meditación y el silencio.

Encontré un hueco para meditar. El silencio de aquel recinto era tan hondo que no se oía más que la respiración. Sentías su presencia muy cerca y una profunda paz y armonía lo envolvía todo de una manera sutil. Mi experiencia puedo describirla así: me sentí tomada por una pura energía de ascensión que me elevaba por encima de todas las pesadas cargas de este mundo, transportándome más allá de los sentidos, envuelta por el dulce canto del «Yo soy». Su mirada penetrante, llena de fuego divino, la percibía con gran nitidez y me acompañó todo el tiempo que estuve en aquel lugar. Mientras, del fondo de mi alma brotaron las palabras de san Juan de la Cruz en *El cántico espiritual*: «Ya no guardo ganado, ni tengo otro oficio, que solo amar es mi ejercicio».

Fueron momentos muy intensos los vividos y deseé que nunca terminaran. Al salir siguieron acompañándome en el camino hasta llegar a la segunda cueva. En este lugar Ramana vivió ya de mayor. Era el sitio donde le permitió a su madre venir a acompañarlo. Se encuentra a medio camino de la montaña y la cueva es más amplia que la anterior. Permanecimos también allí un largo rato meditando, abrazando al mundo, sintiéndonos peregrinos detrás de esa presencia luminosa que nos señala el camino a través de los hermanos que han abrazado la unidad, sin importar el pueblo o religión.

Terminada la visita a los dos santuarios descendimos al pie de la montaña, donde se encuentra el áshram. Un continuo ir y venir de peregrinos pone de manifiesto la búsqueda incesante de espiritualidad que tiene la humanidad, en especial los jóvenes que recorren tantos kilómetros en busca de un faro que ilumine sus vidas. Algunos permanecen en el áshram un tiempo. Con frecuencia alargan su estancia hasta que encuentran lo que han venido a buscar, mientras trabajan en la acogida y el servicio a los nuevos peregrinos o dan de comer a los más pobres que cada día hacen cola en el áshram.

CAPÍTULO 19

EN MIS SILENCIOS

Muchos años habían pasado de aquel retiro y vida eremítica en el bosque. Adriana siempre que podía se retiraba al silencio. Tuvo la suerte de compartir con su amiga Sara una casita rústica de piedra que ella había reconstruido cerca del Roque Nublo, lugar mítico usado por los aborígenes para hacer sus ofrendas. Apartada de todo volvía a escuchar el sonido de la música callada y repetía, como entonces, aquellas palabras que nacieron en el bosque: «Señor mío de mis silencios adentro».

Al llegar retomaba su diario.

***

Al fin rodeada de una quietud que solo interrumpen el viento y las aves al acercarse batiendo sus alas. Cuando llego aquí es como volver a mi piel más ancestral. El silencio que me rodea tiene su eco en el latido de mi corazón y me pongo el traje de ermitaña. No siempre me resulta fácil desenredarme de las múltiples ocupaciones de la vida diaria, y cuando al fin me decido a subir experimento que voy perdiendo lastre a partir del momento en que me pongo en ruta. En cada vuelta del camino me siento más ligera de equipaje. Mi espalda, tan contraída y dolorida, se va relajando y aliviando. Voy soltando todos los pesos que he cargado a lo largo de mi vida. La vida nos pesa demasiado en muchas ocasiones. Mis dolores son muy viejos y mi cuerpo está cansado. A pesar de ello, aquí estoy sin rendirme como la guerrera que llevo dentro, dispuesta a luchar hasta el final de la batalla. Descubro cada rincón en profundidad a lo largo del camino, con esa mirada sin prisas que es capaz de contemplarlo todo de instante en instante. Las montañas aparecen ante mis ojos en su esplendor. Lucen diferentes según la estación del año en la que subo. En primavera están cubiertas de florecillas. Los caminos que ascienden a la cumbre aparecen repletos de bellos colores que cambian constantemente de una semana a la otra. Entre marzo y abril señalan el tiempo de la Pascua florida, en la que predominan los tonos violetas y los amarillos de las retamas. Estas florecen por doquier aportando al paisaje una luminosidad especial.

A finales de abril destacan los tajinastes en flor que surgen de las profundidades de la tierra con una fuerza inusitada. Son como flechas lanzadas al cielo que cambian el paisaje. Sus conos se ven colmados de flores violetas, aunque también los hay en tonos blancos y amarillos. Los veo desde el coche en la Caldera de los Marteles, donde está la mayor reserva de esta isla. Suelo pararme y bajar para contemplarlos tomando el camino que serpentea la montaña, llego hasta un lugar en que hay una gran abundancia y variedad de colores. Vistos de cerca me parecen aún más bellos y disfruto de esta maravilla de la naturaleza, al igual que las abejas que revolotean en torno a ellos, afanándose ante el gran banquete que debe producir un polen tan exquisito.

En verano los sembrados se han recogido. El paisaje cambia, las flores son distintas y más escasas. Los campos aparecen cubiertos de hierbas secas como si invitasen a recostarse en ellos. De hecho, se ve a muchas familias haciéndolo. Con frecuencia en esta época vienen los amantes de la naturaleza a pasar el día debajo de los pinos. Los más pequeños juegan haciendo montículos con la pinocha que les sirve de escondite. Los mayores recogen las piñas caídas de los árboles, tan útiles para encender el fuego en el invierno. Algunas de ellas se escapan de la hoguera y llegan hasta la Navidad, decorando la casa y estimulando las dotes artísticas de la familia.

En la Cruz de Tejeda se produce el milagro. Me siento ya libre de equipaje y respiro hondo. Aquí el aire es limpio y puro. En este punto casi no me detengo porque estoy deseando llegar, sabiendo que no hay vuelta atrás. Allí suele hacer mucho frío. Diez grados de diferencia respecto a la zona de playa de donde vengo. Es el punto más alto de la isla, donde en invierno puede nevar y llega a mantenerse la nieve algunos días en el Pozo de las Nieves. Diviso el pueblo de Tejeda escondido en el valle mientras cojo la carretera para La Culata.

La casita, a la que hemos llamado Shalom, aparece en lo alto entre las curvas. Se encuentra situada a la entrada del barrio de La Culata de Tejeda, a mitad de camino entre la cruz y el pueblo. Su ubicación nos permite disfrutar de más horas de sol, y por lo tanto hace menos frío. En ocasiones, cuando subo todo está envuelto en una densa capa de niebla. Me cuesta incluso visualizar las señales de tráfico en la carretera. El pueblo de Tejeda a lo lejos parece misterioso y apenas puedo verlo, como si se tratase de un espejismo. Ese invierno repentino en el mismo verano se debe a la altura y a los vientos alisios, que son los que refrescan la atmósfera y nos traen la poca humedad que queda en este triste proceso de desertización en el que estamos en las islas y en el mundo.

El paisaje siempre cambiante me sorprende. Hay días en los que resulta impresionante la nitidez con la que se ve todo y puedo gozar de un cielo azul impecable. En cambio, hay otros en los que la niebla no deja ver nada. Cuando conduzco en los días claros diviso el Teide en la isla de enfrente; nuestro majestuoso volcán es a la vez la montaña más alta de España. Parece flotar entre las nubes. Mi viaje continúa y desciendo al fin por la carretera de las mil curvas. En el horizonte el Teide aparece y desaparece con su magia en cada recodo del camino. Los almendros que ahora tienen fruto estaban en enero repletos de flores rosadas y blancas que brotan en medio del invierno con su sublime belleza. Aquí empiezan a florecer en enero, y en ocasiones, si la fría estación ha sido cálida, al final de diciembre ya se ve despuntando alguna flor. Es lo que tiene la eterna primavera canaria.

Llego por fin a La Culata. La casa asoma en la última curva. El tejadillo del porche sobresale. Toca ahora acelerar subiendo la cuesta, que es bastante empinada. Al llegar me dispongo a descargar lo que he traído para estos días: agua, comida, ropa de abrigo y mis libros. Aspiro el olor a romero, que me transporta con su fragancia a mi bosque de la casa del Reloj del Sol. Revivo una sensación especial de libertad y silencio. Intento abrir la puerta y se me resiste. Está hinchada por la humedad y el rocío mañanero. Al final lo consigo y entro en este espacio que parece diseñado para mí, como una de las tantas ermitas que me han acompañado en los retiros de mi vida. Vengo buscando la soledad y el silencio.

Mientras me instalo voy abriendo las puertas de mi interior a la vez que también abro las ventanas de la casa quitando cerrojos, dejando que la luz entre y lo ilumine todo. Tengo la experiencia de que no todo el mundo lo puede apreciar. He subido alguna vez con amigas, que al llegar no perciben la luz y se sienten encerradas. Para mí queda claro: se trata de iluminar espacios interiores.

Cuando tengo todo en orden me siento en el porche sin otro objetivo que respirar los aires de la cumbre con tranquilidad y sin prisas. Me concedo todo el tiempo del mundo. Comienzo por desnudarme de los ropajes que ahora me sobran. Luce el sol, no hay frío, la serena quietud en estas montañas me permite fundirme con el paisaje. A lo lejos veo las rocas que me acogen como si me estuvieran esperando. El ritmo de mi frecuencia cardiaca va bajando. Mi corazón taquicárdico, que late a ciento veinte pulsaciones por minuto en la vida diaria, acá arriba desciende para volver a su ritmo original de sesenta pulsaciones por minuto. Yo diría que es su ritmo habitual cuando se vive retirada y en silencio. Es un ritmo diferente, que tiene que ver con la vida tranquila y sosegada de la que habla el poema de fray Luis de León:

¡Qué descansada vida
la del que huye del mundanal ruido,
y sigue la escondida
senda por donde han ido
los pocos sabios que en el mundo han sido!

No me considero sabia, pero soy un ser que necesita huir del mundanal ruido y seguir la senda del corazón. Me atrae el canto de un pajarillo que se acerca a la ventana y hasta creo que es el mismo que viene a saludarme cada vez que subo. Vive aquí en el tejadillo del porche y me siento feliz de escucharlo; le respondo silbando y me contesta durante un largo rato. Coloco para él un plato con miguitas de pan y un recipiente con agua. Pienso: «El próximo día, a ver si le traigo alpiste...». ¡Cantan los pájaros y sopla el viento, señor mío de mis silencios adentro!

Enfrente de la vivienda está el Roque Nublo; la gran roca me mira fijamente. El Fraile a su lado permanece inmutable en su postura orante. Más a la izquierda está la mujer que se adentra entre las dos rocas con su manto movido por la brisa de la tarde. Camina con prisa, como yo, para perderse en la soledad. Estoy identificada con su forma.

Las piedras son esculturas inertes que nos devuelven nuestra mirada, aunque a veces vayamos sordos y ciegos por la vida, y no captemos su contenido ni su esencia. Ellas dibujan siluetas que nos pueden ser afines o no. Es todo un lenguaje simbólico en el que cada cual interpreta figuras diferentes que vienen a configurar nuestro mundo mental y psíquico. Aquí las piedras me hablan, igual que en el bosque lo hacían los árboles.

Pronto comienza a caer la tarde. Es la hora de la puesta de sol. Me dispongo a salir de la casa para poder disfrutarlo. Acercándome a la vereda de enfrente, donde la vista es más amplia y se asoman el Teide y el Bentayga. Ando entre los riscos por este camino de cabras que me conduce a uno de mis rincones favoritos, me siento en la piedra de siempre, que todavía está caliente por el sol. El Bentayga luce majestuoso en el centro de la isla. Es considerado un símbolo de la presencia femenina que envuelve y acompaña. Su nombre en guanche significa viento y agua. Desde este lugar tengo una visión total del Teide flotando entre el mar y las nubes.

El padre Teide, como se le llama en Tenerife, me vio crecer. A su sombra di mis primeros pasos. Acompañó mis andares por tantos caminos y senderos. Mis huellas quedaron impresas en él cuando lo escalé de adolescente. Fueron varias veces las que subí desde Montaña Blanca; resulta duro el ascenso de sus tres mil setecientos metros hasta el refugio. Una vez arriba puedes pasar la noche y descansar, para de madrugada subir al pico donde los amaneceres son espectaculares. La primera vez que lo subimos nuestro grupo tuvo la suerte de encontrar buen tiempo, el día estaba despejado, no había ni una nube. Pudimos contemplar la salida del sol en todo su esplendor. Su luz emerge desde el mar iluminando todas las islas, que como diosas se dejan ver en una nueva madrugada extendiendo sus brazos entre las brumas, rodeadas del mar Atlántico y el cielo azul.

No siempre consigues esta visión. Hay días en que las nubes cubren las islas y solo se aprecia la salida del sol con alguna isla que descorre la cortina. Subir al Teide fue llegar el punto más alto, física y alegóricamente, que había alcanzado en mi juventud en las islas.

Aquí sentada, desde este rincón de la isla de enfrente, cuando lo miro en la distancia me reconforta y da seguridad como si ejerciera en mí su paternidad. Observo el lento descenso del sol que se va difuminando detrás de su silueta, tiñendo el cielo de vapores rojos hasta desaparecer. Solo queda en la penumbra su figura sostenida por las nubes. Un hermoso espectáculo que disfruto en silencio desde mi piedra favorita junto a las tabaibas y los tajinastes que hay por aquí.

El manto de la noche comienza a oscurecerlo todo. Vuelvo a la casa y mirando al cielo contemplo a Venus haciendo honor a su nombre de lucero de la tarde. Es la primera en aparecer justo antes de anochecer. La noche está despejada y no hay ninguna nube que empañe el espectáculo mientras las estrellas van asomándose con lentitud y habitando el cielo con sus innumerables puntos de luz. Desde este lugar la grandiosidad de la noche me abruma y no me canso de contemplarla. Mis poros respiran la magia que ofrece la belleza y quietud. Comienza a refrescar y la brisa de la noche me hace regresar al refugio de la vivienda para meditar sentada durante algunas horas. Luego cenar y a la cama.

Amanezco sin reloj. Me despierta la luz que entra por la ventana. En verano siempre la dejo abierta con la mosquitera. No tengo hora, no he puesto alarma ninguna. No hay nada que hacer. Solo descansar y recuperarme de los ajetreos de la vida, tal y como me decía la madre Tarsicio en Taizé. Lo primero antes de hacer un retiro era descansar, descansar y descansar.

¡Qué gran mujer! ¡Cuánta sabiduría y belleza en ella! Ahora ya está en otro plano. Fue un trece de diciembre, día de santa Lucía, cuando se hizo la luz para ella y consiguió librarse de su cuerpo fundiéndose con la luz eterna. Justo esa fiesta que celebran con tanta solemnidad las culturas nórdicas fue el día que ella eligió para su viaje. Se fue ligera de equipaje, dejándonos todo el amor con que vivió. Se marchó en silencio con su sonrisa feliz y sus ojos de cielo. Años antes de su partida nos vimos. En uno de mis viajes a Taizé fui a saludarla a su habitación. Le llevé unos tulipanes que encontré en el camino y me sorprendió que cuando se los di, al instante, se abrieron en su mano. Fue mágico. Charlar con ella era un regalo, le tenía mucho cariño; fue una persona importante en mi vida. Cuando la vi por última vez su cuerpo estaba bastante deteriorado. Su mente en cambio era lúcida. Te acercabas a ella y sentías su energía, que te envolvía como un manto.

La belleza de su alma se asomaba en el rostro. Tenía unos preciosos ojos azules y una mirada llena de amor y compasión. En esa ocasión después de aquel encuentro me llamó de nuevo. Solía estar muy ocupada y apenas tenía tiempo, pero quería darme un último mensaje. Me habló de mi familia, hizo una descripción de cada uno de nosotros que me asombró por su acierto, sabía de la personalidad de cada uno y me dio las claves de lo que necesitábamos para ser felices. Fue un encuentro en otra dimensión que en su momento me sorprendió. Lo comprendí todo años más tarde porque ella se adelantó a cosas que luego ocurrieron.

Taizé fue un referente muy importante en mi vida, y no solo en mi juventud. A lo largo de los años volvía a la fuente porque la sentía como mi segunda casa. En los períodos de tiempo que viví allí tuvieron lugar acontecimientos fundamentales para mí, como el nacimiento de mi primer sobrino y la muerte de mi padre, que ocurrió en mi última visita.

Mi padre llevaba varios años con nosotros, estaba mal. En muchas ocasiones estuvo a punto de morirse, pero remontaba de nuevo, lo dejamos bien cuidado y acompañado, hablamos por teléfono varias veces con él durante el trayecto. La tarde que llegue a Taizé cantaban un nuevo canon que desconocía, y que dice así: «*In manos tuas, páter*». Mientras nosotros cantábamos, él encontró el valor suficiente para abandonar su cuerpo y llegar a su último destino.

Al amanecer, el Roque Nublo se viste de naranja tomando el aspecto de una piedra monumental de sal del Himalaya, como una antorcha encendida por el sol que lo convierte en fuego. A pesar de ser una roca fría y opaca, es capaz de reflejar la luz del amanecer, creando una visión trascendental que impresiona. Siento cómo aquí arriba, tan lejos de mi vida cotidiana, se me abren otros canales de conciencia. Mirar desde el silencio es contemplar la verdadera esencia de las cosas, algo que aprendemos antes que a hablar y que más tarde olvidamos. Desde este lugar y sumergida en el silencio, puedo decir que siento una enorme gratitud hacia esa luz que siempre me ha sostenido desde el día que aterricé en este mundo hasta hoy.

Es evidente que nada me separa de todo lo que me rodea. Puedo gozar de esa simbiosis en breves espacios de tiempo, donde cada pequeña cosa que aparece en mi camino es un regalo que me conduce hacia aguas tranquilas. Allí habito en los niveles más sutiles de la existencia sin que nada banal me atraiga, salir de esta experiencia interior me resulta doloroso.

Mientras escribo me llega el recuerdo de algo similar que experimenté cuando estuve en reanimación. Sufrí en su día una operación en la que me pusieron anestesia general y al despertar lloraba sin consuelo. En la sala de reanimación el enfermero encargado se puso muy nervioso y no sabía cómo callarme.

Comprendo que aceptar el llanto no es fácil, y más aún si es desgarrador. Me fue imposible controlarlo. Yo no estaba en mi consciencia, así que lloré durante largo rato hasta que más tarde comprendí que lo que me sucedía era que me sentía separada de modo brusco de mi estado de plenitud. Había flotado en un lugar placentero lleno de amor y de pronto aterricé de golpe en mi cuerpo. El llanto era la manera de asimilar esa ausencia que nos queda cuando viajamos al más allá. Lloramos al dejar el paraíso para volver a la tierra. Separarme de esa fuerza amorosa que me había mantenido era como caer en un precipicio, pasar de la luz a las sombras y abandonar lo que me sostenía. Era una experiencia que me traumatizaba.

Es lo mismo que me ocurre en ocasiones al salir del silencio cuando me incorporo a la vida diaria. Tuve una experiencia similar en una ocasión en que hice una regresión con mi querida amiga Pilar, en Mallorca. Cuando estaba en trance sentía una gran añoranza por volver al útero sagrado, al corazón de la tierra, en definitiva, creo que se trata de eso, de añorar el lugar de donde venimos.

Aquí arriba, como en el bosque, los oídos se agudizan mucho en el silencio, percibiendo hasta el simple aleteo de un pájaro. Los oigo antes de verlos cuando se acercan mientras desayuno. Lo tomo afuera si hace buen tiempo, en una mesa de piedra que hay en el pequeño jardín. Me quedo quieta y espero su visita cada mañana, pues me fascina verlos tan diminutos y ligeros, atentos a todos mis movimientos.

Con el tiempo he aprendido a distinguir a las aves. Son diferentes en cada estación. Las golondrinas aparecen siempre en marzo. Las reconozco enseguida por ese sonido tan suave que emiten; es un cric cric que zumba como las abejas. Las veo revoloteando encima de mi cabeza tan rápidas y ágiles que no paran ni un segundo. Comen y beben en el aire y supongo que por eso pueden llegar tan lejos. No deja de ser un misterio, con esas diminutas alas que poseen y su cuerpo tan menudo, cómo pueden atravesar distancias largas y llegar de África a Europa.

Desde aquí también observo los primeros brotes de un rosal silvestre plantado a la derecha. Las flores empiezan a desplegarse abriendo sus capullos al mundo. Hay una fusión del alma que se rinde ante tanta belleza, integrándose y respirando también a través de cada ser. Me siento identificada con los sentires de Francisco de Asís en el cántico de las criaturas. En el suelo el saltamontes viene a visitarme. En cambio, el cernícalo vuela alto buscando una presa para alimentarse. Solo existe este instante presente. Los rayos de sol acarician mi espalda.

CAPÍTULO 20

CONSTELACIONES

Mi tiempo de ermita termina y toca volver a casa, donde la vida familiar me reclama. El regreso siempre me cuesta por el enfrentamiento a la monotonía y rutina. Por suerte, no todo es así. También tiene cabida la fiesta compartida que habita entre nosotros al encontrarnos y el abrazo de mis hijos, que constituye una bella melodía tan hermosa como la del silencio.

En la casa familiar el paisaje es bien diferente. Vivo frente a la playa y a través de mi ventana veo el mar que agita sus olas al compás del viento. A lo lejos aparece la fina línea del horizonte, que quiere poner fin al infinito. En la orilla están los surferos, que cada día desafían las olas y las mareas. También hay sitio para los perros, que disfrutan corriendo libres por la arena.

Seguimos en contacto con mucha gente en nuestra casa. Con ella llegan nuevas aportaciones de terapias alternativas, y así fue como en una época aparecieron las constelaciones familiares. Nuestros amigos nos hablaron de ellas como una herramienta poderosa de crecimiento personal con la que se pueden resolver conflictos familiares que vienen de lejos. Me resultó interesante porque siempre he estado abierta a cualquier técnica, ejercicio o método que nos ayude a aprender a vivir mejor y a crecer como personas. Sergio y yo asistimos al taller de constelaciones familiares con un terapeuta de Barcelona que venía con frecuencia.

Fuimos al taller con curiosidad por lo que nos habían comentado, y resultó que desde la primera constelación que se realizó nos quedamos muy tocados. Comprobamos que se trataba de un trabajo impactante de profundización. Constelando tuve acceso a las heridas más profundas de mi infancia, que yo creía resueltas, pero que permanecían escondidas como si hubiera un tupido velo que las ocultara. No había llegado a ellas en ningún trabajo terapéutico de los que conocía, ni con la escucha activa de Carl Rogers ni con la bioenergética de Lowen. Quizás estuve cerca, pero no llegué a adentrarme en el conflicto lo suficiente como para sanarlo.

En este nuevo marco realicé un trabajo intenso que me llevó a sumergirme y bucear buscando el porqué de mi enfermedad. Usando otro lenguaje más allá de las palabras, los racionamientos o los diagnósticos médicos, pude acercarme al alma familiar y desde ahí sanarme, tal y como se hace en las constelaciones familiares. Fue algo inesperado y una gran sorpresa cuando me encontré con mi hermana gemela. Ella murió en el momento de nuestro nacimiento y yo lo sabía, aunque no se me contó nunca mucho más. Era una sombra para mí. Sin embargo, fue con ella con la que transcurrieron los primeros meses de mi vida en el útero de nuestra madre. Durante ese breve espacio de tiempo lo compartimos todo, incluso el oxígeno, creando una simbiosis total que marcó mi posición en la vida. Vivir esa separación tan brusca, del parto primero, y su ausencia después, hacía que a nivel inconsciente la siguiera añorando.

Fueron momentos especiales. Yo, sentada en mi silla junto al terapeuta, lo observaba todo en primera persona. Una vez formada la constelación, Petri, mi representante, se iba al suelo de manera continua. Después supe que este movimiento indica que la persona está atrapada o se muere. Ella se derrumbaba una y otra vez hasta que Joan, el terapeuta, me preguntó de quién se trataba. Tirando del hilo llegamos a mi nacimiento. Fue cuando apareció mi hermana gemela justo en el momento de nacer, en ese tránsito en el que yo llegaba y ella se iba. Ahí se encontraba el drama y la explicación de gran parte de lo que me ocurría.

Desde las lealtades del alma es de donde se trabajan las constelaciones familiares. Existía en mí un deseo de seguirla, de querer ir con ella más allá de los límites de la muerte, que de alguna manera tenía que haber sido pactado en el momento de nuestra separación. Esa idea permanecía en mi inconsciente más allá de toda lógica. Así me lo explicaron los expertos. Hubo que visualizarla con una representante y colocarla en el centro con mis padres ya fallecidos. A mí me situaron enfrente, mirándolos, para explicarles que yo sigo aquí, que sé que fue dolorosa nuestra separación y decirle a mi hermana: «He querido seguirte siempre. Yo estoy viva. Voy a tomar mi vida y a vivirla por las dos. Sé que pronto nos encontraremos de nuevo. Por ahora te dejo con nuestros padres. Gracias por todo lo que compartimos en ese breve e importante espacio de tiempo antes de nacer. Te dejo ir y me quedo en paz para vivir mi vida».

La fuerza de estas palabras suena muy potente. Aunque se digan de una forma no muy consciente resultan una llave que abre una cerradura. No importa que esta sea muy antigua. Actúan rompiendo viejos pactos, lealtades o hechizos en los que estás atrapada y dejan entrar nuevas posibilidades en tu vida. Es un paso a una programación en la que se fortalece el alma familiar y se rompen las cadenas de situaciones donde nos habíamos quedado fijos. A partir de ese momento le puse nombre a mi hermana gemela. La llamé Faina, que en guanche significa «luz del alba».

Durante las constelaciones llegamos a otro momento importante de mi historia, aunque este lo conocía bien. Se trataba de la separación de mi madre, que se produjo cuando apenas tenía tres años. Ella enfermó de tuberculosis y la tuvieron que ingresar en un sanatorio, quedándonos en la práctica huérfanas durante tres años las tres hermanas. El suceso era una vieja herida muy profunda que había estado presente a lo largo del tiempo. Se tocaba de alguna manera en mis terapias anteriores, aunque nunca fui consciente de su hondura. Es cierto que en ocasiones me sentía como una niña abandonada y este efecto me ha acompañado a lo largo de mi historia. Pero con las constelaciones familiares quedó al descubierto. No solo visualicé a la niña alejada de su madre, sino que pude revivirla en primera persona. Y esta vez sin representante. Me conmocionó el sentir en mi piel a la pequeña indefensa que buscaba a su madre llorando por la casa sin que nadie le diese una explicación coherente. Mamá no estaba, y era todo lo que alcanzaba a comprender. A pesar de tener solo tres años se negó a comer. La amargura e incertidumbre la hacían sentirse perdida, sin ganas de vivir, y solo acertaba a decir entre balbuceos: «Cógeme, mamaíta».

Fueron momentos duros e intensos y atravesarlos me ayudó a sanar esta herida de la vida. Aprecié que una vez que se toca el dolor parece esfumarse. Sentir el apoyo de las mujeres de la sala fue el mejor consuelo. En los momentos dramáticos ellas me acompañaban como una tribu. En ese parto difícil de separación me sostenían y daban fuerzas, hasta que más tarde se fue obrando el milagro de conseguir cerrar viejas y sangrantes heridas.

A partir de entonces sentí el fluir de la vida con mayor nitidez, quedando el camino más despejado para mis hijos. La relación de pareja se benefició también del trabajo con las constelaciones familiares. Este ejercicio constituye un método terapéutico indicado para sanar las relaciones que se dan en el seno de la familia. Son fruto del trabajo hecho por Bert Hellinger, a quien tuve la oportunidad de conocer en un taller que hice con él en Madrid.

Fue este compromiso y lo vivido a través de él lo que me impulsó a comenzar la formación de terapia Gestalt. Siempre tuve ganas de hacerlo desde la época en que trabajaba como enfermera. Durante los primeros años de mi carrera ejercí en distintos departamentos del hospital: pediatría, medicina interna, urgencias. Ocupé puestos de mando en el hospital materno infantil. Sin embargo, cuando a través de las oposiciones accedí al centro de salud, me reencontré con el origen de mi carrera. El enfoque en el servicio público y el trabajo personal ejercido en la consulta de enfermería habían sido mi anhelo cuando en su día elegí esta profesión. Al incorporarme al centro de salud por primera vez me sentí realizada con todos los programas a los que me dediqué. Trabajé a fondo y con entusiasmo varios años hasta que estuve obligada a dejarlo por motivos de salud.

La atención pública es un concepto elaborado por el profesor y catedrático chileno Hernán San Martin. Lo conocí en persona en las jornadas previas a la inauguración del centro. Él postula que el sentirse bien no es la ausencia de enfermedad, como lo definía la Organización Mundial de la Salud. Lo describe como un estado variable, fisiológico, ecológico, de equilibrio y adaptación de todas las potencialidades humanas, incluidas las de carácter biológico, psicológico y sociales. Ha de contemplarse la salud desde la salud como un proceso, insistiendo en crear condiciones sanas antes de tratar la enfermedad.

Este proyecto tan novedoso con el que iniciamos la apertura del Centro Sanitario de Vecindario nos llevó a un despliegue de fuerzas en el entorno, estudiando la historia y el medio social donde vivián nuestros pacientes. Hacíamos visitas a las familias, asistíamos a las reuniones vecinales, colegios y asociaciones, para poder crear planes que abarcaran a una población concreta partiendo de sus reales características personales y sociales. Cuando hice el diagnóstico del sector de la localidad donde me tocó trabajar, la orilla baja de Sardina, comprobé que la población había pasado del cultivo del tomate y la aparcería, en los tiempos de sus abuelos, a trabajar para el turismo. Esto provocaba una gran diferencia en las causas y orígenes de sus enfermedades. Los antiguos aparceros eran ahora camareros, cocineros y empleados de servicios en los hoteles situados en el sur de la isla. Los jóvenes que dejaban la aparcería lo hacían porque ganaban más dinero, teniendo la ventaja de cobrar un sueldo fijo.

Esto supuso un cambio drástico. Afectó a las costumbres familiares. Los nuevos horarios ahora eran difíciles de conciliar; pasaban a ser de doce horas, como resulta habitual en la hostelería. Una vez estudiada mi zona de salud, observé que de ese cambio derivaba uno de los problemas más graves que aquejaba a muchos miembros de las familias. Se trataba del alcoholismo. Los antiguos aparceros ahora estaban en los bares sirviendo cervezas y conviviendo con costumbres bien diferentes que llegaban con el turismo. Fue un tema complicado de abordar desde la consulta de enfermería. Decidí contar con expertos de la Asociación de Alcohólicos

Anónimos. Me reuní varias veces con ellos. Carmelo era el responsable en Vecindario. Me entrevisté varias veces con él y juntos decidimos crear otro grupo de enfermos alcohólicos en el centro de salud. Conseguirlo implicó fuertes debates con el equipo directivo del centro, hasta que al final lo logramos. Siendo un problema sanitario de la zona, entendí que era necesario abordarlo desde el mismo centro de salud, al igual que se trata cualquier otra enfermedad. Choqué de frente con la dirección, que no lo veía claro. Después de muchas reuniones y batallas lo conseguimos, con el considerable desgaste que supone luchar contra las instituciones.

Con el grupo de alcohólicos anónimos ya funcionando me tocaba hacer de enlace entre nuestros pacientes y ellos, lo cual me supuso un gran esfuerzo familiar. Las reuniones tenían que celebrarse en horario de tarde-noche. Eran mis horas libres. Así que por amor a mis pacientes alcohólicos volvía cada lunes al centro por la tarde después de haber terminado la jornada laboral. Nadie nunca me conmutó las horas por ese trabajo extra. Asistía a las reuniones, me encargaba de presentarlos al grupo y hacerles seguimiento. La única compensación fue ver que el plan dio sus frutos y muchas familias pudieron recuperarse de la lacra social que supone el alcoholismo. Al final hubo una buena coordinación que redundó en el beneficio de todos y quedé satisfecha con los resultados.

La diabetes, la obesidad, y el cáncer también estuvieron presentes en el diagnóstico de salud de la comunidad, y la educación sanitaria requería ir a su medio y cambiar pautas. Fue un trabajo de titanes que me apasionó como ninguno antes en mi trayectoria profesional. Estaba realizando mi sueño, y no solo poniendo inyecciones y haciendo curas. De esta forma llegábamos a la raíz de los problemas. Podíamos cambiar hábitos de salud actuando en el medio familiar y social. Durante los años de carrera me había identificado con la enfermera rural o practicante. Sin embargo, terminé en el hospital y tuve que quedarme allí debido a la escasez de personal. No había enfermeras suficientes en esa época para cubrir los puestos. Por ese motivo contrataron a mi promoción unos meses antes de finalizar los estudios. Así que allí me quedé.

Una vez terminada la labor como enfermera de atención primaria, estaba lista para dedicarme a mí y seguir mi camino de madurez psicológica con la escuela de Gestalt de Barcelona. Las clases eran compatibles con la vida familiar. Solo tenía un seminario completo de fin de semana una vez al mes. El trabajo a nivel personal fue interesante desde el primer encuentro. Fue un descender a mi piel, reconocerme y darme espacio. Adquirí maestría en escuchar a la persona que tenía delante con una disposición cada vez mayor. Ya lo había practicado con la coescucha, si bien este nuevo enfoque con las técnicas de la terapia gestáltica completó mi formación en la escucha con menos interferencias e interpretaciones.

Durante tres años tuve ocasión de reconocer palmo a palmo los mapas de mi cuerpo y los viejos conflictos que salían una y otra vez a relucir. Pude mirarlos de cerca, comprenderlos, amarlos y cerrar círculos con mis padres y maestros. Descender a tu piel supone que disfrutas de la ligera brisa que toca tu cara al caminar, o del abrazo de osa que te da tu compañera de curso cuando te sientes abandonada y triste. También de los no abrazos y las ausencias que van poblando a lo largo de los años la relación de pareja. Fueron tiempos difíciles en los que tocó hacer una verdadera poda, intensa y dolorosa, que nos llevó a florecer de nuevo en la primavera de una vida juntos. Libres ya de las relaciones conflictivas con nuestros padres, habíamos descubierto que lo importante era volver a empezar de cero cada día, perdonando, comprendiendo y tratando de entender al otro. Se trataba de crecer en compasión y amor.

CAPÍTULO 21

«NADA HAY NUEVO BAJO EL SOL»

Existe una idea muy cierta que aparece en la Biblia, en el libro del Eclesiastés.

En el caminar de todos se van repitiendo las historias a lo largo de la vida, perfilando el trabajo que vinimos a realizar en la Tierra. Es cierto que, como dicen los sabios y entendidos en la materia, nos encontramos múltiples veces con las personas con las que iniciamos el viaje al comienzo de los tiempos. Cuando decidimos encarnar por primera vez, nosotros mismos los elegimos para la misión que vinimos a realizar. Nada es nuevo bajo el sol. Todo estaba previsto, y además cuenta con nuestra aprobación, aunque algunas veces nos rebelemos ante esos proyectos y queramos dar marcha atrás. Antes de encarnar hemos diseñado nuestro plan con las situaciones y lecciones que necesitamos aprender.

Me encuentro en un momento en el que siento que ya han transcurrido muchos años de mi viaje en la Tierra cumpliendo misiones, cerrando círculos, sanando y sanándome. En este día 2 de febrero de 2022, mientras contemplo la hoguera que he encendido con mis manos en esta nueva Candelaria, y con la que celebro el fuego de las mujeres, me habitan infinidad de escenas vividas alumbradas por el calor de este fuego purificador y transmutante. La fiesta del fuego de las mujeres se hacía en Irlanda en tiempos remotos. Allí, desde el siglo seis, junto a un monasterio femenino, había una capilla con un fuego permanente encendido. Se lo consideraba sagrado y estaba custodiado por diecinueve mujeres que lo cuidaban y alimentaban día y noche. Solo ellas tenían acceso al lugar, para garantizar su continuidad evitando que fuese contaminado por las energías masculinas. A los hombres se les prohibía la entrada. Las mujeres consiguieron mantener la hoguera encendida durante más de cinco siglos, hasta que un día llegaron los hombres y la apagaron sin más. Ellos no entendían su significado y temían la fuerza que representaba en la vida de las mujeres.

En esta nueva Candelaria celebro la fiesta de las mujeres con los cánticos de las abuelas al son de mi viejo tambor chamánico. Convoco a todas aquellas con las que me he reunido en diferentes grupos y momentos de mi vida, así como a las madres y abuelas de mi linaje familiar y el de las que me han acompañado cada año en esta celebración. Ellas están hoy repartidas por el mundo y las siento como pequeñas luces que iluminan la noche de los tiempos. He colocado aquí las cenizas de anteriores hogueras. Todavía puedo sentir su calor como un latido que contiene las semillas de todo lo que hemos compartido. Dentro están también los restos de las cucharas de palo; nuestras viejas y gastadas cucharas de palo con las que hemos revuelto tantos pucheros. Ellas conservan el sabor de nuestras lágrimas y anhelos. Y hoy también se consumen las cucharas más recientes que hemos arrojado al fuego y son abrazadas por él. Con ellas hacemos presente a tantas mujeres que un día fueron quemadas en la hoguera por el único motivo de estar más despiertas que los hombres. Ellas entendían el universo y los ritmos de la tierra, la luz y las sombras. Ellos, en cambio, solo pensaban que algún día les robarían su poder de machos alfa y jefes de la manada.

Conservo las cenizas como un volcán dormido; en ellas están las de todos los fuegos que me han acompañado a lo largo de los años. Las he reunido en una caja de madera para que sigan en el corazón del bosque de donde salieron, en un lugar muy especial junto con los recuerdos que quiero preservar, para que resistan el paso del tiempo y sus mareas. Entre ellas he añadido minúsculas estrellas doradas que brillan en las negras cenizas como luciérnagas en la noche, simbolizando la presencia de nuestras hermanas quemadas, que merecen todo nuestro recuerdo y respeto. Un día, mi hija, y las hijas de sus hijas junto a las nuevas generaciones, podrán encender estas cenizas y continuar la celebración del fuego de las mujeres en La Candelaria.

Los encuentros alrededor de la hoguera dieron paso a un grupo de mujeres donde aprendimos a aullar a la luz de la luna en medio de la noche, despertando a la loba que todas llevamos dentro, heredera de nuestra parte más ancestral. Así lo expresó la autora del libro *Mujeres que corren con los lobos.*

En esta ceremonia se siente el anhelo de lo salvaje, que tiene muy pocos antídotos culturalmente aceptados. Nos han enseñado a avergonzarnos de este deseo y nos hemos dejado el cabello largo para con él ocultar sentimientos. Pero la sombra de la mujer salvaje acecha todavía a nuestra espalda de día y de noche:

> «Dondequiera que estemos, la sombra que trota detrás de nosotros tiene sin duda cuatro patas».
>
> Clarissa Pinkola Estés
> Cheyenne, Wyoming

La doctora Clarissa es una psicoanalista junguiana internacionalmente reconocida. Cantadora, poeta y narradora. Es guardiana de antiguos cuentos de tradición latinoamericana. El libro *Mujeres que corren con los lobos* llegó a mis manos al cumplir cincuenta años. Me enamoré de él para siempre. Su prólogo reza: «La sabiduría que transmite la autora a través de los cuentos medicina, te sumerge en una magia especial, te sientes en un lugar sagrado ante el cual tienes casi que arrodillarte, pues están escritos para alimentar el alma de las mujeres, en un tiempo que ahora nos resulta lejano, pero que fue muy real y en el que la tradición se transmitía oralmente de abuelas a nietas, con un tono y una calidez especial. Ninguna palabra sobra, incluso las que se repiten varias veces, van destinadas a despertar el alma de las mujeres, a descubrir las trampas a las que nos someten y en las que caemos una y otra vez, por no escuchar la voz salvaje, escondida en nuestro interior y muchas veces enterrada a tantos metros de profundidad, que hemos de excavar duro para recuperarla».

En otro de sus cuentos, «Cantando sobre los huesos», afirma: «La naturaleza salvaje, acarrea consigo los fardos de la curación y lleva todo lo que una mujer necesita para ser y saber. Lleva la medicina para todas las cosas. Lleva relatos, sueños, palabras, cantos, signos y símbolos. Ese es, al mismo tiempo, vehículo y destino».

Me gustó mucho su propuesta y convoqué a las mujeres que se cruzaron en mi camino para trabajar con este libro, pues me pareció una buena oportunidad poder dar a conocer sus cuentos y beneficiarnos de toda la sabiduría recogida en ellos. Nuestra andadura en grupo comenzó reuniéndonos una vez al mes. Durante ese tiempo cada una leía el cuento en solitario para dejarlo resonar y poder asimilar lo que nos decía justo en el presente de nuestra historia. El objetivo era desenterrar paso a paso nuestra alma salvaje a la vez que deletrear cada mensaje, permitiendo que nuestro inconsciente nos facilitara la información.

En los encuentros dedicábamos tiempo a comunicar y escuchar lo que habíamos sentido. También tenía lugar una puesta en escena a nivel colectivo. Esto resultaba un aspecto importante, porque el dar forma al cuento creando espacios sobre el tema, hacía fácil el hecho de asimilar el contenido y aterrizar en nuestra propia piel. Sabíamos que la representación formaba parte del aprovechamiento. Cuando realizamos un acto físico para expresar algo esto tiene un enorme poder, ya que el inconsciente se nos revela con mayor claridad, pasando de lo teórico a lo práctico.

> «Cuando manejamos los cuentos nos contagiamos con una energía que es como la electricidad», apuntaba la doctora Clarissa. Y era cierto. Pudimos comprobar que la magia del cuento surtía efecto en el grupo a pesar de que, en algunas ocasiones, no se entendiera del todo o no se le dedicara el suficiente tiempo de preparación en solitario. Siempre surgía un encanto que nos envolvía y nos hacía ampliar nuestra mirada con la visión de las demás. Existieron momentos trascendentes imposibles de narrar que nos fueron transformando en lo personal y como grupo. Compartir risas, llantos, canciones y poemas nos fue convirtiendo en una tribu, hasta llegar a sentirnos como lobas. Notábamos la fuerza de la manada en los encuentros. Palabras muy sabias de la autora: «La beneficiosa medicina del cuento no puede existir separada de su fuente espiritual».

Los cuentos medicina se caracterizan porque nos transforman; nos enseñan lo que hay que hacer y lo que no. Esto los distingue de los relatos de diversión. Aquí nos tomamos la vida en serio para aprender a no tropezar dos veces con la misma piedra. El arte curativo que una persona puede practicar depende de la cantidad del yo que se esté dispuesta a sacrificar, insiste la doctora Clarissa Pinkola.

Abrirse a la energía de los cuentos medicina no era un proceso fácil para todas las mujeres del grupo. Aparecían resistencias, a veces en forma de juego o censura, que hicieron difíciles algunos momentos, aunque al final cada una hacía su trabajo y todas aprendíamos como grupo a crecer y evolucionar.

Me impactó el cuento de la «Mujer foca». Lo leí la primera vez por mi cincuenta cumpleaños, cuando me lo regaló Leonor, mi amiga y terapeuta mejicana. Desde entonces me sentí muy tocada por él, pues era el momento justo de la madurez cíclica. Es un cuento que describe muy bien esa etapa en la vida de una mujer. Recuerdo que me sentía atravesando un período difícil y que me resultaba un enigma. A diferencia de otras ocasiones en mi vida, no conseguía identificar lo que me ocurría, solo sabía que algunas cosas ya no me interesaban. El castillo de mis ilusiones había caído frente a mí hecho añicos. Me reconocía impotente para reparar tantos trozos que quedaron esparcidos por todos lados. Extraña en mi propia piel, se derrumbaba el edificio de mi cuerpo, las piernas me flaqueaban, las noches eran eternas, no podía dormir. Esto hacía que durante el día estuviera alterada y con los nervios a flor de piel. No lograba ponerle nombre a lo que me ocurría. Fue cuando leí el cuento cuando algo me resonó hasta la médula. Su lectura me acercó a mis sentires y pude comprender más de cerca el proceso que estaba atravesando y que en el libro la autora dividió en tres partes:

La pérdida de la piel.
El regreso a casa.
El encuentro conmigo misma.

LA PÉRDIDA DE LA PIEL me pareció una excelente metáfora. También yo sentía el cuerpo reseco, tal y como se describe en el cuento, con la sensación de haber atravesado un desierto. Mi piel había perdido su textura. El polvo se pegaba a ella dejándola reseca, marchita, sedienta de un agua cristalina de las montañas que de verdad saciara mi sed. También se mostraba hambrienta de atraer a mi vida otras experiencias. Como la mujer foca en el cuento, aprendí de nuevo a danzar bajo la luna llena en medio del océano. Esto me llevó a querer recuperar mi piel ancestral, aquella que había perdido al convertirme en madre. Visualizar y comprender ese cambio constituyó una nueva metamorfosis en mi vida. Se inició con la búsqueda de la propia piel y más tarde con la ardua tarea de desenterrarla.

EL REGRESO A CASA. Una vez que la había recuperado tocaba vestirme de nuevo con ella, adaptarla a mi forma, que ya no era la misma que cuando la dejé en la juventud. El proceso de la maternidad había marcado mi cuerpo, adquiriendo esa forma de madre que todas conocemos. Vestir de nuevo esa piel no me fue fácil. Al principio pude notar su estrechez y cómo me oprimía. Más tarde, llena de asombro comprobé que la piel se iba estirando y se ensanchaba adaptándose a mi nuevo cuerpo. Al fin conseguí que me cubriera, restableciendo mi figura.

EL ENCUENTRO CONMIGO MISMA supuso acercarme de nuevo al agua hasta sumergirme en las profundidades del océano donde había crecido, y aprender a mirar el mundo desde otro ángulo que no fuese la orilla. Encontrar la distancia adecuada que me permitiera parir experiencias y sentirme latir de nuevo.

Otro cuento que me movió muchas cosas fue el de «La mujer esqueleto», que nos habla del amor, pero no del encuentro entre enamorados, sino del encuentro con nuestra naturaleza espiritual en la que es necesario un despojamiento total. Una muerte en la que solo vemos el esqueleto que tenemos enfrente y que más tarde hay que revestir de carne, hasta ser capaces de cantar desde nuestros propios huesos e insuflarle otra vida, un nuevo aliento. Para conseguir esto tenemos que valernos de los sonidos de nuestro corazón, reconocer ese latido constante a modo de tambor que palpita día y noche. Él nos llevará a encontrar nuestro propio ritmo, que late en una perfecta sincronía con la madre tierra. Como ella, crea vida desde las oscuras profundidades del vientre, donde se guardan las semillas, y una vez allí se halla la fuerza necesaria para crear más allá de la muerte. Solo de esta forma podremos cubrir de carne ese esqueleto y devolverle la vida. Para generar un amor duradero ambos amantes tienen que aceptar a la mujer esqueleto y su presencia en la relación. Resumen del cuento:

El cazador sale a pescar en su kayak, lanza la caña y después de haber esperado la noche encuentra que algo ha picado en su anzuelo. Tira con todas sus fuerzas para arrastrarlo a tierra y solo más tarde puede comprobar que se trata de un esqueleto. Se pregunta para qué lo quiere. Él es un hombre solitario que busca a alguien con quien compartir sus días.

Esta imagen casi onírica que nos ofrece el cuento nos motivó el representarlo y así lo hicimos. Cuando nos encontramos, montamos nuestro propio escenario: un kayak, varias cañas, algunas redes improvisadas y lo necesario para sumergirnos en la historia. Conseguimos darle un aspecto muy real. Fue entonces cuando nos embarcamos en las labores de la pesca con caña en medio de la noche. Fue una experiencia catártica que al final desembocó en una batalla campal. La aventura nos llevó a reír sin parar. El kayak se hundía con tanto peso, varias veces intentó volcarse y la escena se convirtió en una explosión colectiva donde se unían risas y llantos que se prolongaron toda la noche, dejando en nosotras el recuerdo de un encuentro inolvidable.

Cuando hice mío este cuento sentí una interesante transformación. La piel de mi tambor chamánico se prolongaba a través de los latidos de mi corazón hasta el infinito, para ir tejiendo con él todas las experiencias de vida que me habían acompañado a lo largo y ancho de mis pasos, consiguiendo integrarlas en ese momento de mi existencia. El tambor tiene la facultad de llevarnos a las entrañas de la tierra, aterrizar y enraizar nuestros pasos, haciéndonos pisar el barro con fuerza para dignificarlo. Todo ocurre siempre a golpe de tambor, ya en el útero materno sentimos ese latido que nos acompaña y que resuena en nuestro corazón a lo largo de nuestra vida.

***

En estos momentos contemplo todos los caminos que he recorrido, algunos insólitos que fueron apareciendo en esta encarnación y que me han llevado a múltiples experiencias y aprendizajes que conforman la persona que soy hoy.

Han pasado muchas primaveras por mi vida. Hoy, cuando las canas asoman en mi cabeza y mientras contemplo el fuego desde dentro, comprendo que soy yo misma este fuego que a través de los cantos consigo reavivar. En conexión con él siento la fuerza que me ha acompañado y guiado en los caminos de la vida. Y cuando esta se acabe, sé que seguiré cantando sobre mis huesos, aullando en las montañas y habitando el silencio de los bosques por donde anduve embelesada buscando la presencia divina que me hace sentir una con todo lo que vive. Quiero vislumbrar que me dormiré un día junto al fuego para despertar a otros sonidos y cantares celestiales. Entonces mis cenizas alimentarán nuevas hogueras que despierten a las mujeres dormidas. Y ellas aprenderán a aullar y hacer sonar el tambor de su corazón en este ciclo eterno de ir y venir entre la tierra y el cielo.

Desde ese lugar infinito no me iré para siempre. Volveré a mi esencia y, según me dijo aquella mujer sabia de las montañas que visité un día, se habrá completado el ciclo final de reencarnaciones y no volveré a la tierra.

> «Mas no temas, hija mía, porque habitaré en los espacios infinitos, me fundiré con el silencio para silbar a tu oído y desterraré tus miedos. Te escucharé en medio de los sonidos de la música de las esferas. Tu voz siempre sonará para mí en un canto cercano. Será desde otra dimensión, en ese plano real y tangible en el que no hay separación ni ausencia. Ese lugar de silencio que juntas hemos habitado antes de poner nuestros pies en la tierra. No temáis, hijos míos, estaré con ustedes hasta el infinito. Hasta entonces, sed felices y disfrutad de esta extraordinaria experiencia sobre la tierra».

AMPARO ESTÉVEZ

ÍNDICE

Este libro se terminó de editar en Granada en septiembre de 2024 por

www.aliarediciones.es

info@aliarediciones.es